기독교 영성 시리즈 1

수덕의 길

수덕의 길
Way of the Ascetics: The Ancient of Discipline and Inner Growth
저자: 티토 콜리안더
역자: 엄성옥
초판 발행 : 1999년 6월
재2판 발행 : 2015년 2월 25일
발행처 : 은성출판사
등록 : 1974년 12월 9일 제 9-66호
ⓒ 1999년, 2015년 은성출판사
주소 : 서울시 강동구 성내3길 16 은성빌딩 3층
전화 : 070) 8274-4404
팩스 : 02) 6007-1154
이메일: esp4404@hotmail.com
Home Page: eunsungpub.co.kr

Originally published by Tito Colliander in the title of Way of the Ascetics: the Ancient Tradition of Descipline and Inner Growth in s1950 in Sweden.
ISBN: 978-89-7236-418-4 33230
Printed in Korea

Way of the Ascetics

The Ancient Tradition of Discipline
and Inner Growth

by

Tito Colliander

translated by

Sungok Eum

기독교 영성 시리즈1

수덕의 길

티토 콜리안더 지음
엄성옥 옮김

목차

서론 / 9
1. 확고부동한 목적을 세우십시오 / 15
2. 인간의 연약함을 기억하십시오 / 19
3. 마음의 밭을 경작하십시오 / 23
4. 보이지 않는 전쟁을 대비하십시오 / 25
5. 마음의 청결을 유지하십시오 / 29
6. 쾌락을 탐하는 욕망들을 조심하십시오 / 35
7. 존재의 중심을 이동하십시오 / 39
8. 악한 생각들을 경계하십시오 / 45
9. 세상이 주는 쾌락에 속지 마십시오 / 49
10. 자신의 죄만 살피십시오 / 55
11. 내면의 전쟁 무기를 내려놓지 마십시오 / 59
12. 순종하십시오 / 65
13. 내면의 지성소로 내려가십시오 / 69

14. 마음의 문을 지키십시오 / 71

15. 믿음과 기도라는 두 날개를 펴십시오 / 79

16. 쉬지 말고 기도하십시오 / 83

17. 기도의 규칙을 훈련하십시오 / 87

18. 시편으로 기도하십시오 / 91

19. 이런 기도를 조심하십시오 / 95

20. 금식과 기도를 함께 실천하십시오 / 99

21. 육신의 능력에 따라 훈련하십시오 / 103

22. 세상과 육신을 이용하십시오 / 107

23. 어둔 밤에 하나님의 도우심을 구하십시오 / 111

24. 삭개오에게 배우십시오 / 115

25. 예수기도를 실천하십시오 / 121

26. 항상 하나님과 동행하십시오 / 127

부록: 교부들과 저자들 소개 / 131

서론

지난 20년 동안, 세속화가 심화되었지만 아울러 영성에 대한 관심의 회복도 크게 증가되었다. 영성에 대한 관심의 회복은 어느 정도는 세속화의 심화에 대한 반작용이라고 할 수 있다. 그러므로 1960년대에 "세속 도시"와 "하나님의 죽음"을 찬양하던 사람들이 70년대에는 거의 무비판적으로 동방 신비주의의 주역으로 현저하게 방향을 전환하기도 했다. 물론 우리 사회는 완전히 세속적이거나 완전히 비종교적으로 되지 않았으며, 현재의 영성 부흥이 사회의 모든 집단에게 동일하게 영향을 미친 것도 아니다. 우리 문화는 그 일반적인 태도에 있어서도 그렇지만 종교에 있어서도 대체로 보수적인 면을 유지하고 있다. 참 영성의 가장 큰 반대자는 보수적인 종교이다. 무신론은 그러한 종교로부터 해방시켜 주는 경험이다.

그럼에도 불구하고 보수적인 종교를 거부함으로써 많은 사람들 자기들의 전통보다 더 심오한 기독교 전통의 자원들을 보다 깊이 탐구하게 되었다. 우리는 동방에서 비기독교적인 영적 훈련이 대중적으로 인기를 누리고 있다는 데 대해서 많은 이야기를 들었지만, 동방 기독교 전통의 재발견 역시 마찬가지로 놀라운 현상이다. 오늘날 기독교계에서 정교회는 빼놓을 수 없는 일부가 되어 있다. 많은 서방 기독교인들이 정교회의 보화들—정교회의 신학, 전례 생활, 피상적인 종교 생활을 풍성하고 깊게 해줄 수 있는 기도의 내면생활에 대한 관심 등을 이제 막 알기 시작한 단계에 있다.

이 책은 원래 40년 전에 스웨덴어로 출판되었던 것으로서 저자 티토 콜리안더Tito Colliander는 동방교회의 영적 전통에 관심을 가지고 있다. 그는 동방 성인들의 금언집에 의존하면서, 서방 독자들에게 정교회 영성의 분위기를 제공하려 한다. 정교회 신앙은 교리적 공식들의 체계나 수집물이 아니다. "doxa"라는 단어는 "영광"이라는 의미이다. 그러므로 정교회 신앙에서는 "풍성한 영광"에 관심을 가지며, 그렇기 때문에 인간의 변화와 불가분의 관계에 있는 신학 의식에 뿌리를 둔다. 신학의 목적은 인간의 삶을 "영광에서 영광으로" 변화시키는 데 있다.

정교회 신학과 영성의 중심에는 신화theosis, 즉 인간됨에서 하나님으로의 들어올려짐이 놓여 있다. 이것이 전례, 곧 모든 예배와 삶의 중심을 차지하는 성찬예배의 목적이다. 그러나 전례의 중심성은 정교회 신학자들이 "성례로서의 세계"라고 표현하는 것을 배경으로 한다. 물질세계는 영의 원수가 아니라 도구이다. 모든 영성은 물질적인 토대를 가지고 있다. 다마스커스의 성 요한St. John Damascene이 표현한 것처럼, 우리는 물질의 창조주께서 "물질이 되셨고" 물질을 통해서 우리의 구원을 이루셨기 때문에 물질을 존중한다. 그러므로 정교회의 영성훈련에서는 창조와 성육신이 중심을 차지한다.

덕을 쌓기 위해 노력하는 금욕적인 작가들의 생각은 이렇게 전례에 참여하는 것, 그리고 물질을 통해서 신적인 것을 전달받는다는 의식(정교회 예배에서 중요한 성상들을 통해서 표현됨)에 집중되어 있으며, 그것들을 당연한 것으로 간주한다. 또한 그들은 진정으로 스스로의 진보에 관심을 갖는 기독교인들은 영적인 지도자, 영혼의 가장 심오한 생각을 털어놓을 수 있는 사람을 갖게 될 것이라고 생각한다.

이 귀중한 책은 자기 계발을 위한 개인적인 지침서로 다루어서는 안된다. 정교회의 영적 지도자들은 대중화된 종교를 "사유화"하는 데 반대한다. 그들은 공동생활의 필요성, 전례와 관상의 일치, 성례전적 공동체의 필요성 등을 강조한다. 또한 그들은 "깊이 있는 진보"의 필요성과 영적 싸움에서 기도의 중요성을 강조한다. 그들은 대체로 "마음의 청결" 획득, 예수기도의 실천을 통해서 임하는 내면의 고요와 헤시키아hesychia, 즉 정적의 획득을 강조한다. 홀로 고독 속에서 하나님을 바라는 영적 훈련을 통해서, 우리는 하나님의 형상인 우리가 소유하고 있는 하나님과의 관계를 깨닫게 된다.

서방교회에서 정교회의 신앙이 재발견된 것은 기독교의 일치 추구의 면에서만 중요한 것이 아니다. 이것은 모든 신학이 잃었던 신비주의와 기도를 중시하는 특성에 대한 의식을 회복하려 할 때에 중요하다. 모든 신학은 신비 신학이며, 모든 신학은 사회 신학이다. 그것은 "하나님 안에서 그리스도와 함께 감추인 생명", 그리고 성삼위의 사회생활에 뿌리를 두고 있기 때문이다. 서방 세계 사람들은 대체로 이처럼 신비적인 것과 사회적인 것의 일치를 상실하고 있으며, "경건주의자들"과 "사회적 행동주의자들"로 나뉘기도 한다. 그러나 정교회에서는 그러한 구분이 없다. 개인적인 "마음"(정교회 용어로는 인격의 중심)의 삶과 인간 사회의 집단생활이 변화되어야 한다. 그러므로 "수덕자의 길"은 우울한 길이 아니며 세상을 부인하는 길이 아니다. 그것은 우리의 신화神化를 목표로 삼는 영광의 길이다. 이 소책자는 묵상하면서 서서히 거의 암송할 정도로 읽고 또 읽어야 할 책으로서, 우리가 한 단계의 영광에서 다음 단계의 영광으로 이동할 때에 우리의 영적 자원이 될 수 있다.

1.
확고부동한 목적을 세우십시오

우리가 영혼이 구원 받고 영생을 얻기를 원한다면 나태를 털고 일어나서 "성부와 성자와 성령의 이름으로, 아멘"이라고 하며 기도해야 합니다.

믿음은 생각하는 것으로써 임하는 것이 아니라 실천을 통해서 임하는 것입니다. 언어나 사변이 아니라 체험이 하나님이 어떤 분인지를 우리에게 가르쳐 줍니다. 신선한 공기를 방 안으로 들이려면 창문을 열어야 합니다. 피부를 태우려면 햇빛이 비치는 곳으로 나가야 합니다. 믿음을 얻는 것도 마찬가지입니다. 우리가 편안하게 앉아 기다려서는 목적을 달성할 수 없습니다. 우리는 탕자처럼 일어나서 집으로 돌아가야 합니다(눅 15:20).

아무리 세상적인 속박에 짓눌리고 얽혀 있어도 지금 일어나

돌아가면 됩니다. 아브라함이 75세 때에 약속의 땅을 향해 출발한 것과, 제11시(오후 5시, 역주)에 포도원에 들어와 일한 사람이 아침에 들어온 사람과 같은 삯을 받은 것에는 타당한 이유가 있습니다.

일어나 돌아가는 것은 빠를수록 좋습니다. 산불은 빨리 진압할수록 좋습니다. 여러분은 자신의 영혼이 불에 타서 황폐해지기를 원합니까?

세례 받을 때 우리는 영혼의 원수들과 눈에 보이지 않는 싸움을 싸우라는 명령을 받았습니다. 지금 그 명령을 수행할 때입니다. 우리는 그동안 너무 오래 지체했습니다. 너무 오랫동안 무관심하고 게으르게 귀한 시간을 허비했습니다. 그러므로 이제 처음부터 다시 시작해야 합니다. 왜냐하면 세례 때에 받은 깨끗함이 많이 더러워졌기 때문입니다.

지체하지 말고 지금 당장 일어서십시오, 지금 하던 일을 마쳐야 한다는 핑계로 "오늘 밤"이나 "내일", 혹은 "나중"으로 미루어서는 안 됩니다. 나중으로 미루면 치명적인 결과가 초래될 수도 있습니다.

지금 이 순간에 결정하십시오. 옛 자아를 버리고 새로운 목적과 새로운 삶의 방식을 가지고서 새로운 삶을 시작해야 합니다.

두려워하지 말고 일어나서 "주님, 나로 하여금 지금 시작하게 해주소서. 나를 도와주소서"라고 외치십시오, 지금 당장 우리에게 필요한 것은 하나님의 도우심입니다.

주님의 약속을 굳게 잡고 뒤돌아보지 말아야 합니다. 뒤를 돌아보았기 때문에 소금 기둥으로 변한 롯의 아내를 기억하십시오(창 19:26). 우리는 옛 자아, 즉 누더기를 벗어 버려야 합니다. 우리는 아브라함처럼 "너는 너의 고향과 친척과 아버지의 집을 떠나 내가 네게 보여줄 땅으로 가라"(창 12:1)는 하나님의 음성을 들었습니다. 이제 우리는 하나님이 가리키시는 그 땅을 바라보아야 합니다.

2.
인간의 연약함을 기억하십시오

교부들은 한결같이 우리가 절대로 자기 자신을 의지해서는 안 된다는 것을 기억하라고 말합니다. 지금 우리 앞에는 특별히 어려운 싸움이 놓여 있는데, 우리의 인간적인 능력으로는 그 싸움을 싸울 수 없습니다. 만일 우리가 자신의 능력을 의지한다면 즉시 땅에 넘어질 것이며, 전의를 잃을 것입니다. 하나님만이 우리가 이기게 해주십니다.

대부분의 우리들은 자신을 의지하지 말아야 하겠다는 결심에서부터 심각한 문제가 생깁니다. 이 난관을 극복하지 않으면 앞으로 전진할 가망이 없습니다. 자신이 다 알고 있으며 혼자서 다 할 수 있기 때문에 다른 사람의 지도를 받을 필요가 없다고 생각하는 사람이 어찌 다른 사람의 충고와 가르침을 받아들이는 것입니까? 거룩한 빛은 이러한 자기만족의 벽을 뚫고 들어갈 수 없습니다. 예언자 이사야는 "스스로 지혜롭다 하며 스스로 명철하다 하는 자들은 화 있을진저"(사 5:21)라고 했고, 사도 바울은 "스스로 지혜 있는 체 하지말라"(롬 12:16)고 경고했습니다. 하늘나라는 어린아이들에게는 나타나지만 지혜롭고 슬기 있는 자들에게는 감추입니다(마 11:25).

그러므로 자기 자신을 부당하게 과신해서는 안 됩니다. 자기 과신이 너무 내면 깊이 뿌리를 내리고 있어서, 그것이 마음을 어떻게 다스리는지 깨닫지 못하고 있습니다. 우리들의 모든 어려움, 고통으로 말미암은 자유함의 부족, 우리의 영과 육신의 고통과 실망감은 바로 자신의 이기심과 자기중심성, 그리고 자기애 自己愛에 대한 결과입니다.

그러므로 우리가 자신을 즐겁게 하려는 욕망에 얼마나 속박되어 있는지를 살펴보아야 합니다. 우리의 자유는 이기심으로부터 구속과 제지를 받으며, 그럼으로써 우리는 포위된 군사처럼 아침부터 저녁까지 쫓기며 살게 됩니다. "이제 나는 마실 것이다", "이제 자리에서 일어날 것이다", "이제 신문을 읽을 것이다." 이처럼 우리는 매 순간 편견의 고삐에 묶여 다니며 장애물을 만나면 즉시 불쾌하게 생각하거나 조바심을 갖거나 화를 냅니다.

우리가 자신의 의식의 깊은 곳을 들여다본다면 그곳에서도 동일한 모습을 볼 수 있습니다. 어떤 사람이 우리의 의견에 반대할 때에 그것은 우리가 느끼는 불쾌한 감정으로써 쉽게 식별됩니다. 그러므로 우리는 노예로 살고 있습니다. 그러나 주의 영이 계신 곳에는 자유가 있습니다(고후 3:17).

자아를 중심으로 쳇바퀴 돌듯이 생활하는 데서 무슨 유익을 얻을 수 있겠습니까? 주님은 이웃을 내 몸처럼 사랑하며 무엇보다 하나님을 사랑하라고 명하시지 않았습니까? 우리는 그 명령대로 행하고 있습니까? 우리의 생각은 자신의 행복에만 사로잡혀 있지 않습니까?

우리 자신에게서는 선한 것이 결코 나올 수 없다는 것을 알아야 합니다. 혹시 우리에게 선한 생각이 일어났다면 그것은 우리 자신으로부터 나온 것이 아니라 선善이라는 우물에서 퍼온 것이라고 생각해야 합니다. 그것은 우리에게 생명을 주신 자가 주시는 선물입니다. 마찬가지로 선한 생각을 실천하게 하는 힘도 우리 자신의 것이 아니라 하나님이 우리에게 주신 것입니다.

3.
마음의 밭을 경작하십시오

우리가 이제 막 맛보기 시작한 새로운 삶은 농부의 삶으로 비유됩니다. 그가 경작하는 땅은 하나님으로부터 받은 것이며, 씨앗과 따뜻한 태양빛과 비와 성장하게 하는 능력도 하나님으로부터 받은 것입니다. 그러나 밭을 가꾸는 일은 농부에게 맡겨져 있습니다.

농부가 풍성한 수확을 거두려 한다면 아침부터 저녁까지 잡초를 뽑고 김을 매고 물을 주어야 합니다. 밭을 경작하는 동안 수확을 방해하는 것들이 많이 있기 때문입니다. 농부는 쉬지 않고 일하며, 계속 지켜보며, 만반의 준비를 해야 합니다. 그렇지만 결국 얼마나 많은 수확을 거두는지는 오직 하나님에게 달려 있습니다.

우리가 가꾸고 지켜야 하는 밭은 우리의 마음 밭이며, 거기서 거두는 열매는 영생입니다. 그것은 시간과 공간, 그리고 다른 외면적인 환경을 초월하기 때문에 영원한 생명입니다. 그것은 참된 자유의 삶이요, 사랑과 자비와 빛의 삶입니다. 그 삶은 어떤 것에도 속박 받지 않으며, 그렇기 때문에 영원한 삶입니다. 그것은 영적인 지배를 받는 영적인 삶입니다. 이 영적인 삶은 이 세상에서 시작되며, 끝이 없으며, 세상의 힘이 그것을 위협할 수 없습니다. 그것은 사람의 마음 안에서 발견되어야 합니다.

시리아의 성 이삭St. Isaac of Syria은 "자기 자신을 천대하라. 그러면 원수를 쉽게 정복할 수 있을 것이다. 자기 자신과 화목하라. 그러면 하늘과 땅이 당신과 화목할 것이다. 자신의 내면 깊은 방으로 들어가라. 그러면 천국의 방을 보게 될 것이다. 왜냐하면 내면의 방과 천국의 방은 같은 것이므로, 그 중 한 방을 보면 둘 다 보게 되기 때문이다. 천국으로 가는 계단은 우리의 내면, 영혼의 은밀한 곳에 있다. 죄 짐을 벗어버리라. 그러면 내면에서 천국으로 가는 길을 발견할 것이다"라고 말했습니다.

여기에서 성인이 말하는 천국의 방은 영생을 뜻합니다. 그것은 천국, 하나님의 나라, 또는 간단하게 그리스도라고 하기도 합니다. 그리스도 안에 사는 것이 영생의 삶을 사는 것입니다.

4.
보이지 않는 전쟁을 대비하십시오

우리가 이제 막 시작한 전쟁을 어디에서 해야 하는지, 그 목표가 무엇이며 어디에 있는지 알았으므로 왜 우리의 싸움을 눈에 보이지 않는 싸움이라고 하는지 그 이유를 이해하게 되었습니다. 그 싸움은 우리 마음속에서, 우리 내면 깊은 곳의 침묵 속에서 이루어집니다. 거룩한 교부들은 또 하나의 심각한 문제를 강조합니다: "절대로 비밀을 누설하지 말라!" 만일 증기탕의 문을 열면 탕 안의 열기가 빠져나가서 증기탕의 효과를 잃게 될 것입니다.

그러므로 우리가 새로 인식한 목적을 누구에게도 말하지 마십시오. 우리가 방금 시작한 새로운 삶이나 우리가 실행하고 있는 일이나 기대하는 경험에 대해서 누구에게도 말하지 마십시오.

이 모든 것은 하나님과 우리 사이의 일, 둘 사이의 일입니다.

자신의 관심사에 대한 온갖 잡담은 자아에의 몰두 및 자기신뢰를 배양하기 때문에 이러한 침묵이 필요합니다. 그러므로 이것들을 우선적으로 진압해야 합니다. 정적靜寂을 통해서 감추인 것을 보시는 하나님께 대한 신뢰가 성장합니다. 우리는 말없이 들으시는 하나님과 침묵을 통해서 대화합니다. 하나님께 나아가는 것이 우리가 해야 할 일이며, 우리의 신뢰를 하나님께 두어야 합니다. 우리는 영원 안에, 말이 없는 영원에 정박해 있습니다.

이제부터 우리는 큰일이든 작은 일이든 우리에게 일어나는 모든 일은 하나님께서 우리의 싸움을 돕기 위해서 보내시는 것이라고 생각해야 할 것입니다. 하나님만이 우리에게 필요한 것, 즉 역경과 번영, 유혹과 실족을 아십니다. 우연히 발생하는 일은 없으며, 우리에게 발생하는 모든 일은 교훈을 줍니다. 이것을 이해해야 합니다. 왜냐하면 이것이 우리가 택하여 따르기로 한 주께 대한 신뢰가 성장하는 방법이기 때문입니다.

성인들은 다른 것도 깨우쳐 주십니다. 우리 자신을 말을 배우는 어린아이처럼, 그리고 걸음마를 배우는 아이처럼 여겨야 합니다. 우리를 기다리고 있는 전쟁에서 세상의 지혜와 인간적인 기술은 전혀 쓸데 없는 것이며, 우리의 사회적 지위와 재물 역시 무가치한 것입니다.

주님을 섬기는 데 사용되지 않는 재물은 짐에 불과하며, 마음과 관련 없는 지식은 주제넘고 건조하며 해로운 지식에 불과합니다. 이 지식에는 온정이 없으며, 사랑의 수고를 낳지 않기 때문에 벌거벗은 것naked이라고 합니다.

그러므로 우리가 지혜로운 자가 되기 위해서는 자신이 쌓은 지식을 모두 버리고 오히려 어리석은 자가 되어야 합니다. 부유한 자가 되려면 가난한 자가 되어야 하며, 강한 자가 되려면 약한 자가 되어야 합니다.

5.
마음의 청결을 유지하십시오

우리는 지금 벌거벗고 무기력한 상태에서 인간이 해야 할 일 중에서 가장 어려운 일을 하려 합니다. 그것은 자신의 이기적인 욕망을 정복하려는 일입니다. 궁극적으로 우리의 싸움의 승패는 자기박해에 달려 있습니다. 왜냐하면 이기적인 의지가 지배하는 한 우리는 순수한 마음으로 "주님의 뜻이 이루어지이다"라고 기도할 수 없기 때문입니다. 자신이 위대하다는 생각을 버리지 못한다면 진정한 위대함을 받아들일 수 없습니다. 자신의 자유에만 매달린다면 참된 자유, 유일하신 하나님께서 다스리실 참된 자유에 동참할 수 없습니다.

성인들의 심오한 비밀은 "자유를 찾으려 하지 말라. 그러면 자유를 얻을 것이다"라는 것입니다.

성경에서 땅이 가시덤불과 엉겅퀴를 낸다고 말합니다. 인간은 땀을 흘리면서 고통스럽게 땅을 경작해야 할 것입니다. 땅은 인간 자신, 인간의 본질입니다. 거룩한 교부들의 권고는 작은 일에서부터 시작됩니다.

시리아인 에프렘Ephraem the Syrian은 "작은 불을 끄는 법을 배우지 않고서 어떻게 큰 불을 끌 수 있는가?"라고 묻습니다. 큰 고난에서 해방되려면 작은 욕망을 제거해야 합니다. 우리가 다른 사람들로부터 분리될 수 있다고 생각해서는 안 됩니다. 그들은 하나의 기다란 쇠사슬처럼 혹은 그물처럼 서로 연결되어 있습니다.

그러므로 우리가 조그맣고 "무죄한" 결점, 즉 단 것을 좋아하는 것, 말이 많은 것, 호기심, 남의 일에 참견하는 것 등을 정복하지 않는다면 나쁜 습관이나 큰 죄를 제어해도 유익을 얻지 못합니다. 궁극적으로 크든 작든 우리의 모든 욕망은 동일한 토대, 자신의 의지만을 만족시키려는 무절제한 습관 위에 세워지기 때문입니다.

우리 자신의 의지를 따르는 삶은 정복되어야 합니다. 인류의 타락 이후, 인간의 의지는 오로지 자아를 위한 심부름만 해오고 있습니다. 이런 까닭에 우리는 이기적인 삶을 대적하여 싸워야 합니다. 지체하지 말고 지치지 말고 싸워야 합니다.

무엇을 질문하고 싶어도 질문해서는 안 됩니다. 커피 두 잔을 마시고 싶으면 한 잔만 마시고, 시계를 보고 싶어도 보지 마십시오. 담배를 피우고 싶어도 참으십시오. 누구를 만나고 싶어도 참고 그대로 집에 머물러 지내십시오.

이것이 "자기박해"라는 것입니다. 이런 방식을 사용함으로써 우리는 하나님의 도움을 받아 자신의 목청 큰 의지를 잠잠하게 합니다.

이것이 정말로 필요한 일이냐고 의아해 하는 사람이 있을 것입니다. 교부들은 이에 대해서 "오래 되어 썩은 물을 완전히 비우지 않고 항아리에 깨끗한 물을 채울 수 있다고 생각하는가? 쓰레기가 가득한 방에 귀한 손님을 받아들이고 싶은가? 그렇지 않다. 주님을 보려는 사람은 주님의 깨끗하심같이 자신을 깨끗이 해야 한다"(요일 3:3)라고 대답합니다.

그러므로 우리 마음을 깨끗이 해야 합니다. 우리 마음에 쌓여 있는 먼지와 쓰레기를 완전히 제거해야 합니다. 더러운 바닥과 창문을 깨끗이 닦고 열어야 우리가 주님의 성소聖所로 준비하고 있는 방에 빛과 신선한 공기가 들어올 것입니다. 그 다음에 우리에게서 나는 곰팡이 냄새 때문에 밖에 내쫓기지 않기 위해서 깨끗한 옷을 입어야 합니다(눅 13:28).

매일 매 시간 이렇게 노력해야 합니다. 이렇게 함으로써 우리는 주님이 거룩한 사도 야고보를 통해서 명하신 일을 행하게 됩니다. 야고보는 "마음을 성결하게 하라"(약 4:8)고 했습니다. 또 사도 바울은 "육과 영의 온갖 더러운 것에서 자신을 깨끗하게 하자"(고후 7:1)고 가르쳤습니다. 그리스도께서는 "속에서 곧 사람의 마음에서 나오는 것은 악한 생각 곧 음란과 도둑질과 살인과 간음과 탐욕과 악독과 속임과 음탕과 질투와 비방과 교만과 우매함이니 이 모든 악한 것이 다 속에서 나와서 사람을 더럽게 하느니라"(막 7:21-23)고 말씀하셨습니다. 주님은 바리새인들에게 "너는 먼저 안을 깨끗이 하라 그리하면 겉도 깨끗하리라"(마 23:26)고 권면하셨습니다.

안에서부터 깨끗하게 하라는 가르침을 따를 때 우리 자신의 힘으로는 마음을 조금도 깨끗이 할 수 없다는 것을 명심해야 합니다. 우리가 손님방을 닦고 정돈하는 것은 우리 자신을 즐겁게 하기 위한 것이 아니라 손님을 즐겁게 하기 위한 것입니다. 우리는 스스로에게 "이 방이 손님 마음에 들까?" "손님이 그 방에 머무실까?"라고 물어보아야 합니다. 우리의 생각은 온통 손님에게 가 있어야 합니다.

이렇게 청소를 마친 후에 우리는 뒤로 물러나서, 그것에 대한 보상을 기대하지 말아야 합니다.

니세타스 스테타토스Nicetas Stethatos는 사람의 내면에 세 종류의 본성이 있다고 설명했습니다. 육적인 사람은 다른 사람에게 해를 끼쳐서라도 자신의 쾌락을 위해서 살려 하는 사람이며, 본성적인 사람은 자기 자신과 다른 사람들을 기쁘게 하려고 하며, 영적인 사람은 자기에게 해가 되더라도 오로지 하나님만을 기쁘시게 하려는 사람입니다.

첫 번째 사람은 인간의 본성 이하의 사람이며, 두 번째 사람은 정상적인 사람이며, 세 번째 사람은 본성 이상의 사람으로서 그리스도 안에 있는 사람입니다.

영적인 사람은 신령하게 생각합니다. 그의 소망은 죄인 하나가 회개할 때에 천사들이 기뻐하는 소리를 듣는 것이며(눅 15:10), 그 죄인은 바로 자기 자신입니다. 우리도 이렇게 생각해야 하며, 이러한 소망 안에서 일해야 합니다. 주님은 "너는 먼저 안을 깨끗이 하라 그리하면 겉도 깨끗하리라"(마 23:26)고 하시면서 "먼저 그의 나라와 그의 의를 구하라"(마 6:33)고 하셨습니다.

그러므로 우리 자신에게서 육적인 본성에 속한 것을 죽일 때까지는 자신에게 휴식을 주지 말며 평안도 허락하지 말아야 합니다. 우리 안에 있는 짐승 같은 것의 모든 표적을 추적하여 무자비하게 죽이는 것을 목적으로 삼아야 합니다.

"육체의 소욕은 성령을 거스르고 성령은 육체를 거스르나니"(갈 5:17).

그러나 우리가 자신의 구원을 위해서 일하여 독선적이 될 것을 염려하거나 영적으로 교만해질 것을 염려한다면 자신을 살펴보십시오. 그리고 독선적인 사람이 될 위험이 있는 사람은 눈 먼 사람이라는 것을 깨달으십시오. 왜냐하면 그는 자신이 얼마나 독선적인지를 보지 못하기 때문입니다.

6.
쾌락을 탐하는 욕망들을
조심하십시오

성경은 생명으로 인도하는 좁은 길을 발견하는 사람은 극소수이며, 우리는 좁은 문으로 들어가기를 힘써야 한다고 했습니다.

"들어가기를 구하여도 못하는 자가 많으리라"(눅 13:24).

이에 대한 설명은 우리가 자기 자신을 박해하려 하지 않는다는 데서 발견됩니다. 우리는 자신의 심각하고 위험한 악을 어느 정도는 극복하지만 거기서 멈추고 마는 듯합니다. 우리는 작은 욕망은 제멋대로 자라게 내버려 둡니다.

우리는 남의 것을 횡령하거나 도둑질을 하지는 않지만 남의 이야기하는 것을 좋아합니다. 술을 마시지는 않지만 홍차나 커

피를 많이 마십니다. 우리 마음에는 여전히 욕망이 가득 차 있습니다. 우리는 뿌리를 제거하지 않은 채 자기 연민이라는 흙에서 솟아난 가시덤불 주위를 배회합니다.

우리는 자기 연민과 싸워야 합니다. 왜냐하면 그것은 우리에게 일어나는 모든 좋지 않은 것의 근원이기 때문입니다. 자기 연민을 버린다면 곧 이 모든 악의 책임이 우리에게 있음을 깨닫게 될 것입니다. 왜냐하면 우리는 그것이 실제로는 좋은 것임을 이해하기를 거부하고 있기 때문입니다.

자신을 불쌍하게 여기는 사람은 사물을 바르게 보지 못합니다. 우리가 자기 자신만을 불쌍히 여긴다면 결과적으로 우리의 지평선은 완전히 폐쇄되며, 우리의 사랑은 우리 자신에게만 묶이게 될 것입니다. 그 사랑을 자유롭게 해주면, 악은 우리에게서 떠날 것입니다.

우리에게 파멸을 초래할 연약함과 편안함을 원하는 욕망을 억제하며, 그것들을 공격합니다. 쾌락에 대한 갈망을 완전히 없애야 합니다. 그러한 갈망이 호흡할 수 있는 공기를 제공해서는 안 됩니다. 자신에게 엄격해야 하며, 육적인 자아가 난폭하게 요구하는 것을 허락해서는 안 됩니다. 모든 일은 되풀이할수록 강해지지만 양분을 얻지 못하면 죽게 마련입니다.

현관문은 악이 들어오지 못하도록 빗장을 꼭 질렀지만 뒷문을 활짝 열어놓는 일이 없도록 조심해야 합니다. 악은 교활하게도 다른 모습으로 뒷문으로 슬그머니 들어올 수 있습니다.

예를 들어 우리가 따뜻하고 포근한 침대 대신에 딱딱한 매트리스에서 잔다면 얼마나 큰 유익을 얻을 수 있을까요? 우리가 담배를 끊으려고 노력하면서 말을 절제하지 않는다면 어떨까요? 우리가 말은 절제하면서도 음란 소설을 읽는다면 어떨까요? 우리가 소설을 읽지는 않지만 감상에 젖거나 상상에 빠져 지낸다면 어떨까요? 이것들은 모두 형태만 바꾼 것에 불과합니다. 즉 이들은 쾌락욕을 충족시키려는 만족을 모르는 갈망의 다른 모습입니다.

우리는 즐겁게 지내려는 욕망, 성공하고 만족한 삶을 살려는 욕망을 근절해야 합니다. 우리는 슬픔, 가난, 고통, 곤경을 사랑하는 법을 배워야 합니다. 우리는 개인적으로 주님의 명령 즉, 헛된 말을 하지 않는 것, 자신을 치장하지 않는 것, 지도자에게 순종하는 것, 음란한 생각을 품지 않는 것, 화를 내지 않는 것 등을 따르는 법을 배워야 합니다. 이러한 명령을 무시하지 말고 따라야 합니다.

만일 그렇지 않아도 된다면 자비하신 주께서 우리에게 그것들을 명령하지 않으셨을 것입니다. 예수님은 "누구든지 나를 따라 오려거든 자기를 부인하라"(마 16:24)고 말씀하셨습니다.

7.
존재의 중심을
이동하십시오

테오판 주교는 "자기 자신에게서 벗어나면, 가장 먼저 누구를 만나게 될까요?"라고 질문하는 동시에 스스로 대답하기를 "하나님과 이웃을 만납니다"라고 했습니다. 그렇기 때문에 그리스도 안에서 구원을 구하는 사람에게는 자기를 부인하는 것이 가장 중요한 조건이 됩니다. 그렇게 해야 우리 존재의 중심이 자아로부터 그리스도에게로 이동할 수 있습니다. 그리스도는 우리의 하나님이시자, 우리의 이웃이십니다.

이것은 우리가 지금 자기 자신에게 쏟아 붓고 있는 모든 보살핌과 관심과 사랑이 그 때에는 자연스럽게, 그리고 우리가 알지 못하는 사이에 하나님에게로, 그리고 이웃에게로 이동한다는 뜻입니다. 그렇게 할 때 오른손이 행한 것을 왼손이 모르게 되며, 은밀하게 구제를 행하게 됩니다(마 6:3-4).

이런 일이 이루어지지 않는 한 우리는 결코 진정 비물질적인 방법으로 "모든 지식이 차서 능히 서로 권하는 자"(롬 15:14)가 될 수 없습니다. 이러한 방식으로 행하는 모든 시도는 우리 자신의 것이며 우리 자신을 즐겁게 하려는 생각에서 비롯된 것이기 때문에 거짓된 것입니다. 특히 이것을 이해해야 합니다. 그렇지 않으면 유익한 것처럼 보이며 선의인 것처럼 보이지만 자기 만족의 늪으로 이어지는 길에 들어서서 혼동을 느끼기 쉽습니다.

그러므로 자선 바자회 등의 일로 바빠 활동하는 일을 삼가야 합니다. 무슨 일이든지 많은 일로 바빠 활동하는 것은 해가 됩니다. 우리의 내면을 들여다보며 깊이 성찰해 보면 이처럼 겉보기에 분명히 자기를 내어주는 행위로 보이지만 이중 많은 부분이 "믿음이 약한 자의 약점"(롬 15:1)에서 기인된 행동이라는 것을 알 수 있습니다. 다시 말해서 스스로를 만족시키고 즐겁게 하려는 억제할 수 없는 습관으로부터 기인된 행동임을 알 수 있습니다.

사랑과 평화와 완전한 희생의 하나님은 자아를 즐겁게 하려는 부산함과 열정 속에서 사는 것을 좋아하시지 않습니다. 그것을 시험해 보는 한 가지 방법이 있습니다. 우리의 마음의 평화가 흔들린다면, 우리가 낙심한다면, 어떤 이유에서든 조금이라도 화를 낸다면 우리는 계획했던 선한 일을 중지해야 합니다. 그러고 나면 우리는 그 근원이 진흙탕이었음을 알게 될 것입니다.

혹시 그 이유를 묻는 사람이 있을 것입니다. 이에 대한 대답은, 표면적인 장애나 반대는 자기의 뜻을 하나님께 굴복시키지 않은 사람들에게만 오는 것이지 하나님에게 이러한 것들은 상상조차 할 수 없는 것들이라는 것입니다. 진실로 이기심이 없는 행동은 나의 것이 아니라 하나님의 것입니다. 그 무엇도 그것을 방해할 수 없습니다. 오로지 나 자신의 계획, 나 자신의 소원, 즉 공부하는 것, 일하는 것, 쉬는 것, 먹는 것, 혹은 동료를 위해 봉사하는 것 등을 위할 때에만 외면적인 상황이 방해받을 수 있으며, 그 때에 우리는 슬퍼합니다.

그러나 생명, 즉 하나님께서 인도해 주시는 좁은 길을 발견한 사람을 방해하는 장애물은 단 한 가지인데, 그것은 곧 자신의 악한 의지입니다. 만일 그가 지금 무엇을 원하지만 실천으로 옮기는 것이 허락되지 않는다고 해서 슬퍼할 필요가 없습니다. 그는 나머지를 위해서는 전혀 계획을 세우지 않을 것입니다(약 4:13-16).

그러나 이것이 성인들의 또 다른 비밀입니다. 미혹되어서는 안 됩니다. 기독교인은 아무것도 자기 원대로 하지 않으신 분(요

5:30), 구유에서 태어나시고, 40일 동안 금식하시고, 밤새도록 깨어 기도하시고, 병자들을 고쳐 주시고, 악한 영들을 쫓아 내시고, 머리 둘 곳도 없으셨던 분, 마지막에는 침 뱉음을 당하시고 채찍에 맞으시고 십자가에 달리신 그분이 행하셨던 대로 행해야 합니다(요일 2:6).

우리는 이러한 태도로부터 얼마나 멀어져 있는지요! 되풀이하여 스스로에게 이렇게 질문해 봅시다: "하룻밤이라도 철야기도를 한 적이 있는가? 단 하루라도 금식한 적이 있는가? 단 한 번이라도 악한 영을 쫓아낸 적이 있는가? 욕을 먹고 매맞을 때 저항하지 않았는가? 나는 진실로 "육체와 함께 정욕과 탐심을 십자가 못 박고"(갈 5:24) 나의 원대로 하려 하지 않았는가?"

이 질문들을 언제나 염두에 두어야 합니다. 나는 무엇을 위해서 자신을 부인해야 합니까? 진실로 자기를 부인하는 사람은 "나는 행복한가?" 혹은 "나는 만족하는가?"라는 등의 질문을 하지 않습니다. 우리가 정말로 자신을 부인한다면 이러한 질문은 우리에게서 멀어질 것입니다. 왜냐하면 그렇게 함으로써 우리가 세상의 행복이나 하늘의 행복을 원하는 소원을 포기하기 때문입니다.

개인적인 행복을 추구하는 완강한 의지 때문에 우리 영혼이 불안하고 분열하게 됩니다. 그러므로 그것을 포기하며 대적해야 합니다. 그렇게 하면, 달리 노력하지 않아도 나머지 것들이 우리에게 주어질 것입니다.

8.
악한 생각들을
경계하십시오

자아를 정복하고 승리한 순간은 이제 그 길에 들어섰다는 하나의 이정표가 될 수 있습니다. 그러나 그것을 자신의 공로라고 생각하지 말고 하나님께 감사해야 합니다. 우리에게 힘을 주신 분은 하나님이시기 때문입니다. 그러므로 지나치게 기뻐하지 말고 신속하게 앞으로 나아가야 합니다. 그렇지 않으면 정복되었던 악이 다시 살아나서 뒤에서 우리를 공격할 것입니다.

이스라엘 백성들은 새로운 땅을 정복하면 그 땅의 원주민들을 모조리 몰아내라는 명령을 받았습니다(민 33:52). 이는 혹시 이스라엘 백성들이 그 땅 사람에게서 좋지 않은 것을 배울까 염려해서였습니다.

자아를 어느 정도 정복했는지 그것은 그리 중요한 것이 아닙니다. 아마도 자아를 정복한다는 것은 아침에 담배를 피우지 않은 것, 어떤 사람을 만났을 때에 고개를 돌리거나 시선을 피하지 않은 것처럼 중요하지 않은 일일 수도 있습니다. 외면적으로 눈에 뜨이게 발생하는 것은 결정적인 것이 아닙니다. 외면적으로는 작은 일이 크게 보일 수도 있고, 반대로 큰 일이 작게 보일 수도 있습니다. 그러나 이 전쟁에서는 항상 그 다음 장세場勢가 우리를 기다리고 있습니다. 그러므로 항상 대비하고 있어야 하며, 안심하고 쉴 시간이 없습니다.

다시 말하지만 침묵해야 합니다. 우리가 어떤 일을 하고 있는지 아무도 눈치 채지 못하게 해야 합니다. 우리는 눈에 보이지 않는 분을 위해 일하고 있으므로 우리가 하는 일도 눈에 보이지 않게 행해야 합니다. 우리가 부스러기를 흘리고 돌아다니면 마귀가 보낸 새들이 그것을 주워 먹을 것입니다. 자기만족을 경계해야 합니다. 그것은 많이 수고하여 거둔 열매를 한 입에 삼켜버릴 수 있습니다.

그러므로 분별력을 가지고 행동하십시오. 우리는 두 가지 악 중에서 작은 악을 선택합니다. 만일 우리가 홀로 있다면 가장 보잘 것 없는 조각을 취하겠지만, 만일 누군가가 보고 있다면 그 사람이 눈치 채지 못하도록 중도를 취해야 합니다.

되도록 사람들의 눈에 뜨이지 않게 은밀하게 하십시오. 어떤 상황에서든지 이것을 규칙으로 삼아야 합니다. 우리 자신에 대해서 어떻게 잠을 잤는지, 무슨 꿈을 꾸었는지, 무슨 일이 일어났는지 등의 말을 하지 말며, 질문을 받지 않았으면 자신의 견해를 말하지 말며, 자신의 소원이나 관심사에 대해서 말하지 마십시오. 그러한 대화는 자아에 대한 집착만 길러줄 뿐입니다.

하는 일이나 거처하는 곳 등을 쉽게 자주 바꾸지 마십시오. 우리가 선택한 싸움에 도움이 되는 장소도 없고, 사회도 없고, 외면적인 환경도 없음을 기억하십시오. 그러나 우리가 하는 일이 악에 직접적으로 도움을 주는 경우는 예외가 됩니다.

높은 지위나 명예를 추구하지 마십시오, 낮은 지위에 처할수록 그만큼 더 자유롭습니다. 지금의 처지에 만족하십시오 그리고 자신의 학식이나 기술을 나타내려 하지 마십시오, 우리의 견해 표명을 자제하며, 부정적인 견해보다는 긍정적인 견해를 표명하십시오.

아무하고도 충돌하지 말며, 누구하고도 논쟁을 벌이지 말며, 항상 상대방을 존중하십시오. 어떤 경우든지 이웃의 생각보다 우리의 생각이 우선해서는 안 됩니다. 이러한 생각은 매우 어려운 영적 실천인 순종과 함께 겸양심을 가르쳐줍니다. 겸양은 우리에게 반드시 필요한 덕입니다.

다른 사람의 견해를 불평 없이 받아들이십시오, 조롱당하거나 무시당할 때에 감사하십시오, 그렇지만 인위적으로 굴욕적인 상황을 만들어서는 안 됩니다. 하루를 사는 동안 그러한 상황은 충분히 많습니다.

우리는 항상 몸을 굽혀 인사를 하며 노예처럼 행동하는 사람을 보면 "그 사람은 참으로 겸손하다"고 말하는지도 모릅니다. 그러나 진정으로 겸손한 사람은 사람들의 눈에 뜨이지 않습니다. 세상은 그를 알아보지 못합니다(요일 3:1). 왜냐하면 그 사람은 세상에 대해서 "무"無로 처신하기 때문입니다.

베드로와 안드레, 요한과 야고보가 그물을 버려두고 예수님을 따라갔을 때(마 4:20), 해안에 남아 있던 동료 어부들은 무엇이라고 했습니까? 그들이 볼 때 두 형제들은 고기를 잡는 현장에서 사라졌습니다.

이 음란하고 죄악 된 세대에서 그들처럼 사라지는 것을 두려워하지 말며 주저하지도 마십시오, 우리가 낚으려는 대상은 무엇입니까? 세상입니까, 우리의 영혼입니까?(막 8:34-38).

"모든 사람이 너희를 칭찬하면 화가 있도다"(눅 6:26).

9.
세상이 주는 쾌락에
속지 마십시오

대 바실Basil the Great은 "마음이 어지러운 사람은 진리의 지식에 접근할 수 없다. 그러므로 우리 마음을 어지럽게 하는 모든 것, 우리로 하여금 망각하게 하는 것, 흥분·정욕을 일으키는 것, 혹은 불안을 일깨우는 것을 피해야 한다. 되도록 헛된 일에 대한 요란함과 열정으로부터 벗어나야 한다. 주님을 섬길 때 많은 일로 염려하지 않고 항상 필요한 한 가지만 염두에 두어야 한다"(눅 10:41)라고 말했습니다.

목욕을 하려면 먼저 옷을 벗어야 합니다. 우리 마음도 마찬가지입니다. 우리 마음을 깨끗하게 해주시는 분에게 다가가려면 우리 마음을 덮고 있는 세상적인 것들로부터 벗어나야 합니다. 우리가 옷을 벗어 피부를 드러내지 않으면 건강에 좋은 햇빛이 우리의 피부에 닿을 수 없습니다. 성령의 치유하시고 생명을 주시는 능력도 마찬가지입니다.

그러므로 옷을 벗어야 합니다. 자기를 부인하되 눈에 뜨이지 않게 해야 합니다. 우리의 즐거움이나 쾌락, 위안이나 여흥에 기여하는 것, 우리의 눈과 귀, 입 등 감각을 즐겁게 해주는 모든 것을 부인해야 합니다.

"나와 함께 아니하는 자는 나를 반대하는 자요"(마 12:30).

세우지 않는 것은 파괴하는 것입니다. 우리의 일상적인 욕구와 사회적인 관습들을 하나씩 벗겨 냅시다. 갑작스럽지 않고 조용하고 신중하게, 그렇지만 철저하게 벗겨 냅시다. 우리를 세상에 묶어 놓은 끈들을 서서히 풀어 버립시다.

어떤 행사의 초청, 콘서트, 개인 재산, 특히 육신의 정욕과 안목의 정욕과 이생의 자랑 등 모든 것을 끊어 버립시다. 그것들은 다 아버지께로부터 온 것이 아니라 세상으로부터 온 것이며, 우리 영혼을 대적하는 것이기 때문입니다(요일 2:16).

그렇다면 세상이란 무엇입니까? 우리는 세상이 죄악되고 유형적인 것이라고 상상해서는 안 됩니다. 이집트인 대 마카리우스는 "세상이란 마음을 둘러싸고 있으면서 생명나무로부터 차단하는 어두운 불길"이라고 했습니다. 세상은 우리를 붙들고 감각적으로 만족시켜 주며, 우리 안에 있으면서 하나님을 알지 못하게 합니다(요 17:25).

우리의 욕망과 충동은 세상에 속한 것입니다. 세상에 속한 것에 대해 시리아의 성 이삭은 "부유함을 좋아하는 것, 여러 종류의 물건을 수집하고 소유하려는 욕망, 육체적인 즐거움을 추구하는 것, 명예욕(탐심의 근원), 다른 사람들을 정복하며 결정적인 인물이 되려 하는 욕망, 권세욕, 자신을 자랑하며 사람들로부터 사랑받으려는 욕망, 칭찬받으려는 욕망, 육체적인 행복에 대한 관심 등 이것들은 모두 세상에 속한 것들이다. 그것들이 교묘하게 결합되어 우리를 무겁게 속박한다"라고 설명했습니다.

이런 세상의 것들로부터 해방되려면 이 목록을 참고로 하여 자신을 성찰하며, 하나님께 다가가기 위해서 무엇을 대적하여 싸워야 하는지 분명히 파악해야 합니다.

"세상과 벗된 것이 하나님과 원수 됨을 알지 못하느냐 그런즉 누구든지 세상과 벗이 되고자 하는 자는 스스로 하나님과 원수 되는 것이니라"(약 4:4).

좁은 골짜기 및 그 골짜기에서 누릴 수 있는 즐거움을 탈피해야 넓은 곳을 볼 수 있습니다. 사람은 두 주인을 섬길 수 없습니다(마 6:24). 깊은 골짜기를 걸으면서 동시에 높은 등선을 걷는다는 것은 불가능합니다.

위로 올라가는 일을 쉽게 하고 무거운 짐을 보다 쉽게 벗어버리기 위해서 되도록 자주 이렇게 질문하십시오: "나는 이 칵테일 파티에 참석함으로써 나의 육신을 십자가에 못 박으려 하는가? 나는 여행함으로써, 혹은 이 책을 구매함으로써 내가 가진 모든 것을 팔려 하는가? 누워서 책을 읽음으로써 내 몸을 쳐서 복종하게 할 수 있을까?"(고전 9:27).

우리의 습관과 복음이 명령하는 생활 방식에 따라서 이 질문을 바꾸거나 추가할 수 있을 것입니다. 그런 까닭에 우리는 "지극히 작은 것에 충성된 자는 큰 것에도 충성되고"(눅 16:10)라는 말씀을 기억해야 합니다. 그리고 고통을 두려워하지 말아야 합니다. 고통은 우리가 좁고 깊은 골짜기, 즉 우리가 육체의 정욕 안에서 몸과 정신의 소욕을 따라 살고 있는 곳을 벗어나는 데 도움을 줍니다(엡 2:3).

우리는 부단히 자신에게 이러한 질문을 해야 합니다. 이러한 질문은 자신에게만 해야 하며, 어떤 경우에도 다른 사람에게 이런 질문을 적용해서는 안 됩니다. 우리가 내면으로 들어가 자신에게 이런 질문을 하지 않고 밖으로 나가서 동료에게 이러한 질문을 적용하는 순간 우리는 스스로 심판석에 앉게 되며, 그것에 의해서 우리 스스로가 심판을 받게 됩니다. 우리는 자신이 절제에 의해 획득했던 것을 상실하며, 한 걸음을 전진하지만 열 걸음을 후퇴합니다. 그 때에 우리는 자신의 고집과 진보하지 못한 것과 교만 등으로 인해 눈물을 흘릴 것입니다.

10.
자신의 죄만
살피십시오

 이제 자신의 비참함, 부족함, 사악함을 알게 되었으므로 우리는 세리처럼 "하나님이여 불쌍히 여기소서 나는 죄인이로소이다"(눅 18:13)라고 외쳐야 합니다. 그리고 "보십시오. 저는 세리보다 훨씬 더 악한 사람입니다. 저는 바리새인을 곁눈질로 쳐다보면서 마음속으로 교만하게 '하나님, 내가 이 사람과 같지 아니함을 감사드립니다' 라고 말합니다"라는 말을 덧붙여야 합니다.
 그러나 성인들은 말하기를 자기 마음의 어둠과 육신의 연약함을 깨달은 사람은 이웃을 판단하려는 욕망을 완전히 상실한다고 합니다. 우리는 자신의 어둠을 뚫고 모든 피조물 안에서 빛나는 천상의 빛이 분명하게 반영되는 것을 봅니다.
 우리 자신에게 큰 죄가 있는 한 다른 사람들의 죄를 감지할 수 없습니다. 이처럼 완전함을 얻기 위해서 열심히 노력하는 과정에서 우리는 처음으로 자신의 불완전함을 감지합니다. 그리고 자신의 불완전함을 깨달은 후에야 우리는 완전해질 수 있습니다. 이처럼 완전함은 약함에서 나아오는 것입니다. 이 시점에서 시리아의 이삭이 자신을 박해하는 사람들에게 약속한 결과가 우리에게 수여됩니다. 그리고 우리가 다가가면 원수는 급히 쫓겨납니다.

여기에서 원수란 무엇입니까? 물론 과거에 뱀의 형상을 취했던 자, 그 이후 계속 우리 안에서 불만, 조급함, 분노, 탐심, 두려움, 번민, 걱정, 증오, 게으름, 낙심, 의심, 그리고 우리의 존재를 비참하게 하는 모든 것과 우리의 이기심과 자기 연민에 뿌리를 둔 모든 것을 일으키는 자입니다.

사랑의 아픔으로 자신이 주께 복종하지 않고 있다는 것을 깨달은 사람이 과연 다른 사람들의 복종을 원할 수 있겠습니까? 그렇다면 모든 것이 자기의 소원대로 되지 않는다고 해서 조바심을 내며 불안해 할 이유가 없지 않겠습니까?

도로테우스 수도원장은 아무것도 바라지 않는 훈련을 했으며 아무것도 바라는 것이 없는 사람에게는 모든 일이 그가 원하는 대로 된다고 설명합니다. 자기의 뜻을 하나님의 뜻과 일치시킨 사람은 무엇이든지 구하는 대로 받을 것입니다(막 11:24).

자신을 높이지 않는 사람, 자신의 처지를 살피며 모든 사람이 자기보다 더 유명하고 존경을 받아야 한다고 생각하는 사람을 시기하는 사람이 있겠습니까? 어떤 일이 닥쳐도 십자가에 달린 강도처럼 자기가 행한 일에 상당한 보응을 받아들이는 사람에게 두려움이나 고통이나 걱정이 있겠습니까?(눅 23:41). 그는 끊임없이 자기의 내면에 있는 게으름의 정체를 폭로하기 때문에 게으름이 그에게서 떠나갑니다.

이미 엎드려 있는 사람이 어찌 낙심하겠습니까? 그렇기 때문에 낙심이 그의 내면에서 자리를 발견하지 못합니다. 그는 오로지 자신의 삶에 거하면서 주님에 대한 자신의 시야를 어둡게 하는 모든 악을 미워합니다. 그는 자신의 삶을 미워합니다(눅 14:26).

그러나 이제 그에게는 의심이 자리 잡지 못합니다. 왜냐하면 그는 이미 주님이 얼마나 은혜로운 분인지를 맛보고 깨달았기 때문입니다(시 34:8). 그를 지탱해 주실 분은 주님뿐이십니다. 그의 사랑은 꾸준히 크게 자라며, 아울러 그의 믿음도 성장합니다.

시리아의 이삭이 말한 것처럼 그는 자신과 화목했으며 하늘과 땅이 그와 화목했습니다. 그는 겸손의 열매를 거둬들입니다. 이 일은 좁은 길에서만 일어나는데 그 길을 찾는 사람은 매우 드뭅니다(마 7:14).

11.
내면의 전쟁 무기를
내려놓지 마십시오

 우리는 외부의 속박을 벗어 버림으로써 내면의 속박도 벗어 버리게 됩니다. 우리가 외면적인 염려에서 자신을 해방시키는 동안 우리의 마음은 내적인 고통에서 해방됩니다. 그러므로 우리 자신과의 싸움은 하나의 수단으로서 그 자체는 선한 것도 아니고 악한 것도 아닙니다. 성인들은 그것을 병을 치료하기 위한 처방으로 비유합니다. 아무리 고통스러워도 그것은 건강을 되찾는 유일한 수단입니다.
 항상 "우리의 절제에 의해서는 결코 덕을 이룰 수 없다"는 것을 기억합시다. 부주의하여 광산의 수갱에 갇힌 사람이 곡괭이와 삽을 들고 갱도를 판다고 해서 빠져 나갈 길을 만들 수 있겠습니까? 질식할 것 같은 답답함과 어둠에서 그를 구출하기 위해

지상에서 보내준 도구를 사용하는 것이 자연스러운 일이 아니겠습니까? 이와 반대되는 행동은 어리석은 것이 아니겠습니까?

이 말에서 우리는 지혜를 얻을 수 있습니다. 우리가 사용할 수 있는 도구는 구원, 복음의 계명, 그리고 교회의 거룩한 성례로서 세례 받을 때 주어집니다. 그것들을 사용하지 않으면 우리에게는 아무런 유익이 없습니다. 그러나 올바르게 사용하면, 그것들은 자유와 빛에 이르는 길을 열어줄 것입니다.

"우리가 하나님의 나라에 들어가려면 많은 환난을 겪어야 할 것이라"(행 14:22).

우리는 감옥에 갇힌 죄수처럼 휴식과 수면과 즐거움을 누릴 많은 기회를 포기해야 합니다. 우리는 다른 사람들이 잠을 자거나 하찮은 일을 할 때도 깨어 일해야 합니다. 우리는 손에서 곡괭이와 삽을 놓지 말아야 합니다. 그것은 기도요, 금식이요, 깨어 경성함이며, 주께서 명령하신 모든 일을 지켜 행하는 것입니다(마 28:20).

우리 마음이 그러한 훈련이 어렵다고 생각한다면, 우리의 의지력을 동원하여 그것을 복종시켜야 합니다. 죄수는 무슨 상을 받습니까? 어떤 상이든 받기나 하는지요? 수고하는 것 자체가 그에게 주어지는 상입니다. 그는 자유에 대한 사랑 안에서 느끼며 소망과 믿음 안에서 손에 연장을 듭니다. 일을 하면 소망과 사랑과 믿음이 성장합니다. 자신을 아끼지 않고 열심히 일할수록 그만큼 그의 상은 더 커집니다. 그는 자신을 죄인 괴수로 여기며 동료 죄수들과 동일하게 여기게 됩니다.

그는 세상에 있는 죄인들 중의 하나입니다. 그러나 동료들이 희망을 잃고 체념하여 잠을 자거나 카드놀이로 시간을 보내는 동안에도 계속 일을 합니다. 그는 보물을 발견하지만 덮어둡니다(마 13:44). 그는 내면에 천국을 가지고 다닙니다. 언젠가는 밖의 신선한 공기를 호흡하게 될 것이라는 믿음과 소망과 사랑을 가지고 다닙니다. 그는 지금은 참된 자유를 거울로 보지만(고전 13:12), 자신이 이미 자유하다는 소망 속에서 봅니다.

"우리가 소망으로 구원을 얻었으매 보이는 소망이 소망이 아니니"(롬 8:24).

바울은 거기에 포함된 것은 우리가 올바르게 이해하도록 하기 위해서라고 말합니다. 죄수가 실제로 자유를 얻어 누리게 된다면 그는 더 이상 세상의 죄인이 아닙니다. 그는 자신이 이미 자유의 세상 안에 있음을 발견합니다. 그것은 태초에 아담이 누렸던 자유이며, 그리스도 안에서 우리에게 회복된 자유입니다.

우리도 죄수처럼 소망 안에서 이미 자유하지만 구원의 성취는 우리의 지상생활 저 너머에 놓여 있습니다. 그곳에서만 우리는 분명하게 "나는 구원받았다"고 말할 수 있습니다. "하늘에 계신 너희 아버지의 온전하심과 같이 온전하라"(마 5:48)는 명령을 우리 인간은 세상에서 성취할 수 없습니다. 그렇다면 왜 그 명령을 우리에게 주셨습니까? 성인들은 "우리가 지금 일을 시작하기 위해서, 그러나 영원을 바라보면서 시작하기 위해서"라고 대답합니다.

테오판 주교는 "우리들의 자유를 향한 목표는 우리 자신에게 있는 것이 아니며 동료 인간에게 있는 것이 아니라 하나님에게 있다"고 말했습니다. 자유의 외침은 "회개하라"입니다. 그리고 "수고하고 무거운 짐 진 자들아 다 내게로 오라 내가 너희를 쉬게 하리라"(마 11:28)는 부르심이 주어져 있습니다.

무엇을 위해서 수고합니까? 자신의 세속적인 행복을 위해서입니까? 어떤 짐을 집니까? 세상의 염려와 관심이라는 짐입니까? 성인들은 그렇게 해서는 안 된다고 말합니다. 세상에 계시는 동안 세상적인 행복을 생각한 적이 없으며 세상적인 염려를 하지 않으셨던 주님은 "나의 멍에를 메고 내게 배우라"고 말씀하십니다.

자신의 구원을 위해서 수고하며 세상의 반대라는 무거운 짐을 진 사람들은 무엇을 얻습니까? 그들은 그리스도의 멍에를 메고 그리스도처럼 살며 천사들이나 사람이나 책으로부터가 아니라 주님에게서, 주님의 삶에서, 자신의 내면에 있는 빛과 행위로부터 배웁니다.

이런 사람들은 "나는 마음이 온유하고 겸손하며 나 자신이나 나의 행동이나 말을 자랑하지 않는다"라고 말씀하실 수 있는 분으로부터 무엇을 배웁니까? 영혼을 위한 안식을 발견할 것입니다. 그들은 유혹, 걱정, 치욕, 침 뱉음, 두려움, 근심, 그밖에 사람의 마음을 어지럽게 하는 모든 것으로부터의 자유를 얻을 것입니다. 이것이 요한 클리마쿠스의 설명입니다.

이 말은 기독교인에게서 기독교인에게로 전파되어 왔습니다. 그리스도의 멍에와 짐은 그리스도를 사랑하는 사람이 지면 쉽고 가볍다는 진리를 새로운 심령들은 경험에 의해서 거듭 깨닫습니다. 그러나 중간에서 떨어져 나가는 사람이나 게으른 사람들은 구원을 받지 못하여, 끝까지 견디는 사람만이 구원을 얻습니다

(마 10:22).

　그러므로 지치지 마십시오, 우리는 확고부동하며, 항상 주님의 사역 안에서 충만하며, 주님 안에 있으면 우리의 수고가 헛되지 않다는 것을 알아야 합니다(고전 15:58). 일단 일을 시작했으므로 회개에 합당한 행동을 쉬지 말고 행해야 합니다. 도중에 멈추는 것은 후퇴하는 것입니다.

12.
순종하십시오

　자신의 이기적인 의지를 정복하기 위한 싸움에 없어서는 안 될 또 하나의 도구는 순종입니다. 요한 클리마쿠스는 "순종하여 자신의 육적인 지체들을 잘라내면 그만큼 더 신령한 지체를 섬길 수 있다"고 했습니다. 순종은 교만의 무덤이며, 거기서 겸손이 생겨납니다.
　우리는 자유의지에 의해서 자신을 노예로 넘겨주었음을 기억해야 하며 십자가를 통해서 이것을 상기해야 합니다. 우리는 노예 상태를 통과하여 참 자유를 향해 나아갑니다. 그러나 노예는 자기의 뜻대로 행할 수 없습니다. 노예는 먼저 복종하는 법을 배워야 합니다.
　아마 사람들은 "누구에게 복종해야 하지?"라고 질문할 것입니다. 성인들은 "영적 지도자에게 복종하라"고 대답합니다(히 13:17). 그러면 누가 우리의 영적 지도자입니까? 참된 영적 지도자를 만나기가 어려운데, 어디서 그를 찾을 수 있습니까?

거룩한 교부들은 이 질문에 "교회는 이것도 이미 예견해 왔다. 그러므로 사도들의 시대 이래로 교회는 모든 교사들을 능가하는 교사, 어디에서든지 어떤 환경에서든지 우리에게 가까이 올 수 있는 교사를 주셨다. 우리가 도시에 있거나 시골에 있거나, 결혼했거나 독신이거나, 가난하거나 부유하거나 교사는 항상 우리와 함께 계시며 우리는 항상 그분에게 순종을 표할 기회를 소유한다. 그분의 이름을 알고 싶은가? 그분의 이름은 거룩한 금식이다"라고 말했습니다.

하나님은 우리의 금식을 필요로 하시지 않습니다. 하나님에게는 우리의 기도도 필요하지 않습니다. 완전하신 분께서 자기가 지은 피조물이 드릴 수 있는 것을 필요로 하신다거나 그런 것이 부족한 상태에 있다는 것은 생각할 수조차 없습니다. 또 하나님은 우리에게 무엇을 간절히 기대하시지도 않습니다. 그러나 존 크리소스톰이 말하기를 "하나님은 우리가 구원을 위해 하나님께 제물 드리는 것은 허락하신다"라고 했습니다.

우리가 드릴 수 있는 가장 큰 제물은 우리 자신입니다. 우리 자신의 의지를 포기하지 않고서는 우리의 자신을 제물로 드릴 수 없습니다. 자신을 제물로 드리는 법은 순종을 통해서 배우며, 순종은 실천을 통해서 배웁니다. 가장 훌륭한 형태의 실천은 교회에서 규정한 금식일과 절기에 의해서 제공됩니다.

금식 외에도 우리가 순종해야 할 다른 지도자가 있습니다. 우리가 그 지도자들의 음성을 식별할 수 있다면 일상생활의 모든 상황에서 만날 수 있습니다. 아내가 우산을 가지고 가라고 하면 아내의 말에 순종하여 우산을 가지고 갑니다. 직장 동료가 함께 어디에 가자고 하면 그에게 순종하여 함께 갑니다. 젖먹이 어린 아이는 말을 하지 않지만 자기 곁에 있으면서 보호해 줄 것을 요청합니다. 할 수 있는 한 아기가 원하는 대로 하여 순종을 실천합니다. 수도원의 수련수사라고 해서 세상에 거주하는 사람들보다 순종을 실천할 기회가 더 많은 것은 아닙니다. 우리의 직업이나 이웃과의 거래에서도 순종을 실천해야 합니다.

순종은 많은 장애물을 제거해 줍니다. 우리가 마음으로 무저항을 실천하면 자유와 평화를 획득합니다. 우리가 순종하면 가시나무 울타리도 길을 내줍니다. 그 때 사랑이 활동할 넓은 공간이 확보됩니다. 우리는 순종함으로써 교만, 반대하려는 욕망, 우리를 단단한 껍질 안에 가두는 고집과 독선적인 지혜 등을 깨뜨립니다. 그 껍질 안에 있는 한 사랑과 자유의 하나님을 만날 수 없습니다.

그러므로 순종할 수 있는 기회가 오면 기뻐해야 합니다. 그런 기회를 일부러 찾으려 할 필요는 없습니다. 왜냐하면 자칫하면 우리를 독선에 빠지게 할 위선적인 순종에 빠질 우려가 있기 때문입니다. 우리에게는 많은 순종의 기회, 우리에게 가장 적절한 순종의 기회가 주어질 것입니다. 혹시 주어진 기회를 놓치고 그대로 흘려보낸다면 자신을 책망해야 합니다.

주어진 기회를 놓치는 것은 순풍을 만났을 때에 제대로 항해하지 못한 선원과 같습니다. 바람의 입장에서 보면 선원이 그 바람을 사용하든 사용하지 않든 상관이 없습니다. 그러나 선원의 입장에서는 바람이 목적지에 더 빨리 도착하게 하는 수단이 됩니다. 그러므로 우리는 순종을 염두에 두어야 하며, 모든 수단은 성삼위 하나님께서 우리들에게 주십니다.

13.
내면의 지성소로 내려가십시오

표면에서 이루어지는 일들은 우리를 깊은 곳에서 진행되는 것에게로 인도해 줍니다. 양파 껍질을 차례로 벗겨 나가면 종국에 양파의 중심이 드러납니다. 시리아의 성 이삭은 양파의 이 부분을 인간의 가장 깊은 내면의 지성소, 천국의 방으로 비유했습니다.

인간의 내면 깊은 곳으로 들어가려고 노력한다면, 자신의 참된 얼굴 옆에 예루살렘의 헤시키우스가 말한 바 생각 속의 에티오피아 사람의 우울한 얼굴, 이집트의 마카리우스가 말한 바 우리 영혼의 가장 중요한 기관에 둥우리를 틀고 앉아서 상처를 주는 뱀을 볼 수 있을 것입니다. 이 뱀을 죽이면 우리는 하나님 앞에서 깨끗함을 보여드릴 수 있을 것입니다. 그러나 이 뱀을 죽이지 못했다면 우리는 죄인처럼 겸손하게 엎드려 우리 내면에 도사리고 있는 모든 것에 대해 하나님께 기도해야 합니다.

그렇다면 한 번도 마음을 꿰뚫어본 적이 없는 사람은 어떻게 시작해야 합니까? 우리는 밖에 서 있는 동안에도 금식하고 기도함으로써 마음의 문을 두드려야 합니다. 주님은 "두드리라 그리하면 너희에게 열릴 것이니"(마 7:7)라고 말씀하셨습니다.

두드리는 것은 행동하는 것입니다. 만일 우리가 주님의 말씀 안에, 가난 안에, 겸손 안에, 복음이 요구한 명령 안에 견고히 서서 밤낮으로 하나님의 신령한 문을 두드리면 구하는 것을 얻을 수 있을 것입니다.

어둠과 포로 상태에서 탈출하려는 사람이 그 문을 통해 걸어 나가면 자유에 이를 수 있습니다. 그곳에서 그는 영적 자유의 섭리, 그리고 하늘나라의 왕이신 그리스도에게 도달할 가능성을 부여받는다고 마카리우스 성인은 말했습니다.

14.
마음의 문을 지키십시오

내면의 행복에 종사하는 사람에게 매 순간마다 네 가지, 즉 겸손, 깨어 경성함, 원수에게 저항하려는 의지, 기도가 필요합니다. 그것은 하나님의 도움을 받아 "생각 속의 에티오피아 사람들"을 지배하며, 그것들을 마음의 문에서 밀어 내며, 우리의 어린 것들을 반석에 메어치는 자들을 즉각적으로 멸하는 일입니다 (시 137:9).

겸손은 필수적인 전제 조건입니다. 교만한 자는 영원히 쫓겨 납니다. 원수를 즉각적으로 알아보며 우리 마음에 악이 깃들지 못하게 하려면 깨어 경성해야 합니다. 원수를 인식한 순간에 저항하려는 의지가 세워져야 합니다. 그러나 우리는 그리스도가 없으면 아무것도 할 수 없으므로(요 15:5), 우리가 싸움에서 의지해야 할 토대는 기도입니다.

작은 예를 들겠습니다. 깨어 지킴으로써 우리는 원수, 즉 동료에 대해서 좋지 않은 생각을 하려는 유혹이 마음의 문 앞에 다가오는 것을 발견합니다. 우리는 즉시 저항하려는 의지를 일깨워 유혹을 몰아낸 다음 즉각 "내가 정말 재빠르게 행동했어!"라는 자만하는 생각이 일어납니다. 이럴 때 겉보기로는 유혹을 이긴 것 같지만 사실은 처참하게 패배한 것입니다. 겸손을 잃었기 때문입니다.

이와 반대로 유혹과의 싸움을 주께 맡긴다면 교만으로 기우는 성향이 제거되어 자유하게 됩니다. 다시 말하자면 우리는 예수 그리스도의 이름보다 더 강한 무기는 없다는 것을 깨달은 것입니다. 마귀의 유혹과의 전쟁이 얼마나 끈질긴 것인지를 보여줍니다. 악한 충동이 재빨리 흘러들어오므로 가능한 한 빨리 제압해야 합니다. 그것이 사도 바울이 말한 "악한 자의 모든 불화살"(엡 6:16)인데, 그것들은 쉬지 않고 날아옵니다. 그러므로 우리는 쉬지 말고 주께 기도해야 합니다.

"우리의 씨름은 혈과 육을 상대하는 것이 아니요 통치자들과 권세들과 이 어둠의 세상 주관자들과 하늘에 있는 악의 영들을 상대함이라"(엡 6:12).

첫 번째 단계는 악한 충동으로 시작되며, 그 다음에는 악의 충동에 깊이 관여하면서 악과 교제합니다. 그런 다음 세 번째 단계에서 악에게 동의하며, 네 번째 단계에서는 그 악이 시키는 대로 범죄하게 됩니다. 이 네 단계가 순간적으로 잇달아 이루어질 수도 있지만, 그것들이 어느 정도 약화되면 우리는 이 각 단계를 분리시킬 수도 있습니다.

충동은 문을 두드리는 세일즈맨과 같습니다. 우리가 그를 안으로 들어오게 하면, 그는 자기가 판매하려는 제품에 대해 설명하기 시작합니다. 처음에는 그 물건이 좋지 않다는 것을 알아도 그의 설득이 얼마나 끈질기고 교묘한지 내보내기가 쉽지 않습니다. 그리하여 결국 자신의 뜻과는 달리 그의 말에 동의하고, 그 물건을 구매하게 됩니다. 우리는 악한 자가 보낸 것에게 문을 열어주고 받아들임으로써 길을 잃게 됩니다.

다윗은 악한 충동에 대해서 "나는 비천한 것을 내 눈 앞에 두지 아니할 것이요 배교자들의 행위를 내가 미워하오리니 나는 그 어느 것도 붙들지 아니하리이다 사악한 마음이 내게서 떠날 것이니 악한 일을 내가 알지 아니하리로다"(시 101:3-4)라고 했습니다. 모세는 악에 동의하는 것에 대해서 "너는 그들과 그들의 신들과 언약하지 말라"(출 23:32)고 말합니다. 교부들은 "복 있는 사람은 악인들의 꾀를 따르지 아니하며"(시 1:1)라고 말씀하며, "성문에서 그들의 원수와 담판"(시 127:5)한다는 것은 치명적인 일이라고 말합니다.

그러나 성문 앞에 많은 사람들이 모여 있을 때, 그리고 사탄이 빛의 천사의 모습으로 가장했다는 것을 알 때(고후 11:14), 우리는 모든 충동과 감정과 모든 종류의 환상을 마음에서 몰아내어 마음을 깨끗하게 해야 합니다. 다시 말해서, 사람에게는 선한 충동과 악한 충동을 구분하는 능력이 없다는 말입니다. 그 일은 주님만이 하실 수 있습니다. 그러므로 우리는 "여호와께서 성을 지키지 아니하시면 파수꾼의 깨어 있음이 헛된 것이다"(시 127:1)라는 말씀을 알고 있기 때문에, 주님을 신뢰하여 그 일을 포기해야 합니다.

우리는 마음에 저급한 생각이 존재하지 못하도록 조심하며, 우리 마음이 온갖 잡동사니들이 모여 소란한 장터처럼 되어 결국 그곳에서 무슨 일이 일어나는지 알지 못하는 일이 없도록 조심해야 합니다. 도둑과 강도들은 이곳에 모여들지만, 우리에게 필요한 평화의 사자는 이곳에 나타나지 않습니다. 평화, 그리고 평화의 주님은 그러한 장소를 피하여 도망하십니다.

그러므로 주님은 사도를 통해서 마음을 깨끗이 하라고 말씀하셨으며(약 4:8), 친히 "주의하라 깨어 있으라"(막 13:33)고 교훈하셨습니다. 만일 주님이 오셔서 우리 마음이 더럽고 우리가 잠들어 있는 것을 발견하신다면, 주님은 "내가 너희를 알지 못하노라"(마 25:12)고 말씀하실 것입니다. 그 시간은 항상 이곳에 임재하여 있습니다. 지금일 수도 있고 나중일 수도 있습니다. 천국과 마찬가지로 심판의 시간도 항상 우리 마음에 현존합니다.

만일 파수꾼이 깨어 지키지 않는다면 주님도 깨어 지키지 않으실 것이며, 만일 주님이 깨어 지켜 주시지 않으면 파수꾼의 깨어 지키는 것이 헛수고가 될 것입니다. 그러므로 우리는 우리 마음의 문을 깨어 지키며, 쉬지 말고 주께 도움을 구해야 합니다.

절대 원수를 직접 쳐다보지 마십시오. 저항할 수 없는 존재와 논쟁하지 마십시오. 원수는 수천 년 동안의 경험이 있기 때문에 우리를 단번에 무력하게 만들 수 있는 방책을 알고 있습니다. 우리는 마음밭 중앙에 서서 위를 바라보아야 합니다. 그렇게 하면 즉시 사방에서 우리 마음을 보호해줄 것입니다. 주께서 사자들을 보내어 전후 좌우에서 지켜주실 것입니다.

이것은 우리가 유혹을 당할 때 그것을 조사하거나 되새겨 보거나 심사숙고할 문제로 여겨서는 안 된다는 의미입니다. 그렇게 하면 우리의 마음을 더럽게 하고 시간을 낭비하게 되며, 그 순간 원수가 승리합니다. 우리는 지체하지 말고 즉각 주께 "주님, 이 죄인인 나를 불쌍히 여기소서"라고 기도해야 합니다. 우리의 생각에서 유혹을 빨리 떨쳐버릴수록 그만큼 더 빨리 도움이 임합니다.

절대로 자기 자신을 신뢰해서는 안 됩니다. 스스로 선한 결심을 하거나 "그래, 내가 해결할 테야"라고 생각해서는 안 됩니다. 크든 작든 자신의 힘과 능력으로 유혹에 저항할 수 있다고 생각해서는 안 됩니다.

그보다는 그것이 나에게 다가오는 즉시 "나는 실족할 수도 있어. 나의 교만심은 위험한 공모자야! 내 자신의 힘을 믿지 않으면 그만큼 더 확실히 견딜 수 있어!"라고 말해야 합니다. 우리는 연약하며, 마귀의 조그만 공격에도 저항할 수 없다는 것을 인정합시다. 그렇게 하면 놀랍게도 마귀가 우리를 이길 힘이 없다는 것을 발견하게 될 것입니다.

만일 우리가 주님을 피난처로 삼는다면, 곧 어떤 악도 우리에게 임하지 못할 것이라고 자신하게 될 것입니다(시 91편). 기독교인에게 임할 수 있는 유일한 악은 죄입니다.

만일 우리가 실족한 것을 알고서 후회하고 자책하면서 다시는 그러지 않겠다고 결심한다면, 이것은 분명히 옳지 못한 방법입니다. 실족한 원인은 우리 자신의 자기 신뢰 때문입니다.

그러므로 자기 자신을 의지하지 않는 사람은 자신이 더 낮은 곳으로 떨어지지 않았음에 놀라며 감사합니다. 그는 적절한 때에 도움을 주시는 하나님을 찬양합니다. 그렇지 않았으면, 그는 여전히 패배한 상태로 엎드려 있었을 것이기 때문입니다. 그는 속히 일어나서 기도를 시작합니다.

버릇이 없는 아이는 넘어지면 한참 동안 그 자리에서 일어나지 않고 칭얼거립니다. 그 아이는 동정과 위로를 구합니다. 우리는 아무리 아파도 소란을 피워서는 안 됩니다. 우리는 다시 일어나서 계속해서 싸워야 합니다. 싸우는 사람은 상처를 입게 마련입니다. 넘어지지 않는 것은 천사들입니다.

그러나 하나님께 용서를 구하면서 다시는 방심하지 않게 해달라고 기도해야 합니다. 아담처럼 여인이나 마귀, 혹은 다른 외부적 환경을 탓해서는 안 됩니다. 우리가 실족한 원인은 우리 자신 안에 있습니다. 주인이 우리 마음에서 떠나시는 순간, 도둑과 강도들이 마음 안에 들어와서 마음대로 파괴합니다. 이런 일이 되풀이되지 못하도록 하나님께 기도하십시오.

어떤 사람이 수도사에게 와서 물었습니다. "이 수도원의 일과는 어떠합니까?" 수도사는 그에게 "우리는 종일 넘어졌다가 일어나고, 넘어졌다가 일어나고, 또 넘어졌다가 또다시 일어납니다"라고 대답했습니다. 우리가 살아가는 동안 넘어지지 않는 때가 거의 없습니다. 그러므로 하나님께 "우리에게 긍휼을 베풀어 주소서"라고 기도해야 합니다.

사형선고를 받은 죄인처럼 용서와 은혜와 자비하심을 구하면서, 우리는 은혜로써만 구원 받는다는 것을 기억해야 합니다(엡 2:5).

우리는 자유와 은혜를 받을 자격이 없는 사람입니다. 우리를 도망쳤다가 잡혀 와서 주인 앞에 엎드려서 용서를 구하는 종이라고 생각합시다. "위로 올라가는 길을 발견하기 위해서 자신의 내면에 있는 죄 짐을 버려야 한다"는 시리아의 성 이삭의 교훈을 실천하고자 한다면, 우리도 그렇게 기도해야 합니다.

15.
믿음과 기도라는
두 날개를 펴십시오

　기도는 우리가 영적 싸움을 하는 데 있어서 말할 수 없이 중요한 수단입니다. 기도하는 법을 배우면 우리를 공격하는 악한 세력들을 모두 물리칠 수 있습니다.
　우리를 하늘나라로 향해 날아가게 해주는 두 개의 날개가 있는데, 하나는 기도이고 또 하나는 믿음입니다. 한 쪽 날개를 가지고서는 날 수 없습니다. 기도가 없는 믿음이 무의미하며, 믿음 없는 기도 역시 무의미합니다. 그러나 우리의 믿음이 매우 연약하면 "주님, 나에게 믿음을 주소서!"라고 외침으로써 영적 유익함을 얻을 수 있습니다. 이 기도에 응답 받지 못하는 경우는 거의 없습니다. 주님은 작은 겨자씨가 자라서 큰 나무가 된다고 말씀하셨습니다.

햇빛과 신선한 공기를 원하는 사람은 창문을 열어놓습니다. 커튼을 치고 그 뒤에 앉아서 "빛이 들어오지 않는다. 공기가 신선하지 않다"고 말하는 사람은 어리석은 사람입니다. 이 말은 기도의 작용과 응답에 비견됩니다. 누구든지 언제 어디서나 하나님의 능력과 은혜에 접근할 수 있습니다. 그러나 그것을 원하며 그에 합당하게 행동하지 않고서는 능력과 은혜를 얻을 수 없습니다.

기도는 행동입니다. 기도는 큰 효력을 거두어야 합니다. 어떤 기도이든지 큰 효력을 거두려면 실천이 따라야 합니다. 외국어를 배우려면 그 나라의 언어를 부단히 사용해야 하듯이 기도함으로써 기도하는 방법을 배웁니다.

기도하지 않으면서 간구하는 바를 얻을 수 있으리라 기대할 수 없습니다. 기도는 하나님을 향한 모든 노력의 시작이요 기초입니다. 기도에 의해서 처음으로 희미한 빛이 비칩니다. 기도는 우리가 구하는 것에 대한 최초의 힌트들을 제공해 주며, 앞으로 나가고자 하는 소원을 일깨워 주고 지탱해 줍니다.

"기도는 세상의 기초이다"라고 성 요한 클리마쿠스가 말했습니다. 또 어느 성인은 우주를 그리스도의 교회가 들어 있는 그릇이라고 했습니다. 그러나 교회는 기도에 의해서 유지됩니다. 기도란 인간이 하나님을 만나고 교제하는 장場입니다. 그것은 사람이 여러 가지 시험을 받는 육적 자아로부터 자유로운 영적 자아에게로 건너가는 다리입니다.

기도는 환난을 막아주는 방어벽이며, 의심을 막아주는 무기입니다. 기도는 고통을 완전히 없애주고 분노를 억제해 줍니다. 기도는 영혼의 양식이며, 정신의 빛입니다. 기도는 현세에서 다음 세대에 누릴 기쁨을 맛보게 해줍니다. 진정으로 기도하는 사람에게 있어서, 기도는 최후의 심판을 기다리지 않고 지금 마음속에서 이루어지는 판결이요, 법정이요, 판사석입니다.

기도와 방심하지 않고 깨어 있음은 동일한 것입니다. 왜냐하면 우리는 기도함으로써 자기 마음의 문 앞에 서기 때문입니다. 깨어 지키는 눈은 아주 작은 것이 움직여도 즉시 반응합니다. 쉬지 않고 기도하는 마음도 이와 같습니다.

거미도 우리의 기도생활을 위한 본보기가 됩니다. 거미는 거미줄 한복판에 앉아서 아주 작은 파리가 거미줄에 걸려도 그 진동을 감지하고 가서 잡아먹습니다. 마찬가지로 기도는 우리 마음의 중심에서 깨어 지키면서 작은 움직임만 있어도 원수가 침입했다는 것을 감지하고 잡아 죽입니다.

기도하지 않는 것은 집의 문을 잠그지 않고 내버려 두는 것과 같습니다. 그렇게 되면 강도들이 들어와서 우리가 모아놓은 보물을 강탈해 갑니다. 강도들은 순식간에 쉽게 자기의 목적을 이룹니다. 예를 들면 분노라는 강도는 한순간에 모든 것을 파괴해 버립니다.

16.
쉬지 말고 기도하십시오

기도란 이따금씩 드리는 기도, 아침저녁으로 드리는 기도와 식사 기도 등을 의미하는 것이 아니라 쉬지 않고 드리는 기도, 삶 자체로서의 기도입니다. 쉬지 않고 드리는 기도(살전 5:17)는 문자 그대로의 의미로 이해되어야 합니다.

이렇게 이해할 때 기도는 과학자들의 학문이요 예술가들의 예술과 비슷합니다. 예술가들은 진흙이나 물감, 단어나 어조 등을 가지고 작업하면서 자기의 능력에 따라서 그것들에게 풍성한 의미와 아름다움을 부여합니다. 기도하는 사람이 다루는 재료는 살아 있는 인성입니다. 그는 기도에 의해서 그것에게 형태를 부여하고 풍성한 의미와 아름다움을 부여하는데, 먼저는 기도하는 사람 자신에게 부여하며, 그럼으로써 다른 많은 사람들에게 부여합니다.

학문을 연구하는 사람은 피조된 사물과 현상을 연구합니다. 기도하는 사람은 기도를 통해서 피조물의 창조주에게로 나아갑니다. 따뜻함이 아니라 따뜻함의 원천이 그의 사랑을 촉진시킵니다. 삶의 기능들이 아니라 삶의 근원이, 그의 자아가 아니라 자아 안에 있는 의식의 근원, 즉 자아의 창조주가 그의 사랑을 촉진시킵니다.

예술가와 과학자가 완숙한 경지에 이르려면 많은 수고와 노력을 해야 합니다. 그들이 원하는 솜씨는 그저 얻어지는 것이 아닙니다. 만일 작업을 할 때마다 거룩한 영감을 기다려야 한다면, 그들은 결코 자기 분야에서 필요한 원리를 배우지 못할 것입니다. 바이올린 연주자가 예민한 바이올린의 비결을 터득하려면 꾸준히 연습을 해야 합니다. 인간의 마음은 바이올린보다 훨씬 더 예민합니다.

"하나님을 가까이하라 그리하면 너희를 가까이하시리라"(약 4:8).

기도를 시작하는 측은 우리 인간입니다. 우리가 주님을 향해

한 걸음을 뗀다면, 주님은 우리에게 열 걸음 다가오실 것입니다. 주님은 탕자가 아직 먼 곳에 있을 때에 아들을 보고 긍휼히 여겨 달려가서 얼싸 안는 아버지와 같은 분입니다(눅 15:20).

우리가 조금이라도 하나님께 가까이 가기를 원한다면 불확실하지만 첫걸음을 내딛어야 합니다. 자신의 출발이 서툴다고 해서 걱정할 필요는 없습니다. 부끄러워하거나 자신감을 잃을 필요가 없습니다. 또 원수들의 비웃음을 두려워할 필요가 없습니다. 그들은 우리가 우스꽝스러운 행동을 하고 있고, 그리고 그것은 단지 환상과 무의미한 일에 불과하다고 우리를 납득시키려 합니다. 원수가 가장 두려워하는 것이 기도임을 알아야 합니다.

어린아이들이 글씨를 배우기 시작하면 글을 읽으려는 욕구가 점점 더 강해집니다. 하나의 언어에 깊이 들어갈수록 그만큼 더 언어를 잘 사용하게 되고 더 좋아하게 됩니다. 능숙해짐에 따라 즐거움이 증가하며, 능숙함은 연습과 병행합니다. 능숙해질수록 연습하는 것도 점점 더 즐거워집니다.

기도에 대해서 이외에 달리 생각해서는 안 됩니다. 기도를 시작하기 전에 특별한 신의 영감을 기다리지 마십시오. 사람은 말하고 생각하도록 피조되었으며, 아울러 기도하도록 피조되었습니다. 그러나 특별히 기도를 위해서 지음을 받았습니다. 왜냐하면 하나님께서 아담을 에덴 동산에 두어 그것을 경작하며 지키게 하셨기 때문입니다(창 2:15). 그렇다면 우리의 마음 안이 아니고 어디에서 에덴 동산을 발견할 수 있겠습니까.

우리도 아담처럼 절제하지 못하여 빼앗긴 에덴 동산 때문에 울어야 합니다. 하나님은 우리에게 무화과 나뭇잎과 가죽옷을 입히셨습니다(창 3:21). 그것은 고난을 수반하는 썩어질 본질입니다. 우리와 생명나무에 이르는 좁은 길 사이에는 세상적 욕망의 어두운 불길이 놓여 있으며, 이 욕망을 정복하는 사람에게만 하나님의 낙원에 있는 생명나무의 열매를 주어 먹게 하십니다(계 2:7).

그러한 승리를 거두기는 무척 어렵습니다. 크레테의 성 앤드류는 "아담은 하나님의 계명 중 단 하나만 범했습니다. 그러나 우리는 매일 매시간 모든 계명을 범합니다"라고 했습니다. 우리가 완악하고 끈질긴 죄인의 처지에서 기도해야만 높은 곳에 이를 수 있습니다.

완악한 죄인은 자신의 죄를 의식하지 못합니다. 마음이 굳어져 있기 때문입니다. 우리도 마찬가지입니다. 그러나 우리 마음의 완악함 때문에 놀랄 필요가 없습니다. 기도는 점차 우리의 굳은 마음을 부드럽게 해줄 것입니다.

17.
기도의 규칙을
훈련하십시오

  사람이 매일 아침에 규칙적으로 운동을 하겠다고 결심하는 것은 그가 이미 육체적으로 건강하기 때문이 아니라 자기에게 갖추어져 있지 못한 면을 획득하기 위해서입니다. 사람은 무엇을 획득한 후에는 그것을 보유하려고 노력합니다. 그러나 그 전에 먼저 그것을 획득하기 위해서 노력해야 합니다.

  그러므로 자신에게서 무엇을 기대하지 말고 기도 연습을 시작해야 합니다. 만일 독방을 사용한다면, 방해를 받지 않고 "잠에서 깨었을 때, 하루를 시작하기 전에 모든 것을 아시는 하나님 앞에 경외심을 가지고 서라"는 기도서의 가르침을 실천할 수 있을 것입니다.

  "성부와 성자와 성령의 이름"으로 기도하십시오. 성삼위 하나님의 이름으로 기도를 시작한 후, 잠시 침묵함으로써 생각과 감정이 세상의 염려로부터 해방될 수 있게 하십시오. 그리고 서두르지 말고 마음을 다하여 "하나님의 아들이여 주 예수 그리스도시여, 죄인인 저를 긍휼히 여겨 주소서"라고 기도하십시오.

조급하게 서두르지 말고 조용히 기도하는 것이 좋습니다. 기도를 통해서 기도하는 큰 회중과 교제가 시작됩니다. 기도하는 우리는 혼자가 아닙니다. 우리는 교회라는 몸, 그리스도에 속해 있는 하나의 세포이자 지체입니다. 그것들을 통해서 우리는 몸뿐만 아니라 마음과 정신을 위해서, 그리고 우리의 믿음을 든든히 세우는 데 필요한 인내를 배웁니다.

완벽하고 올바른 기도의 문구는 생각과 정서에 의해서 받아들여집니다. 그러므로 정신을 집중해야 합니다. 생각이 이리저리 배회하게 해서는 안 되며, 굳게 가두어 두어야 합니다. 그리고 기도를 다시 시작할 때에는 기도를 멈추었던 곳에서부터 다시 시작해야 합니다. 만일 기도서를 가지고 있지 않다면 시편 찬양집에서 선택하여 읽는 것도 괜찮습니다. 이렇게 함으로써 인내와 경성함을 배웁니다.

열린 창문 앞에 서 있는 사람은 어쩔 수 없이 밖에서 들려오는 소리를 들어야 합니다. 그러나 그가 원한다면 자신의 음성에 주의를 집중할 수 있습니다. 기도하는 사람은 끊임없이 부적절한 생각들과 감정들과 정신적 인상들의 흐름에 에워싸입니다. 이 지겨운 것들의 흐름을 멈추게 하는 것은 열어 놓은 방 안에서 공기가 순환하는 것을 멈추게 하는 것과 마찬가지로 불가능한 일입니다. 그러나 우리는 그것을 감지할 수도 있고 그렇지 못할 수도 있습니다. 이것은 오직 실천을 통해서만 배울 수 있습니다.

기도할 때에는 우리의 자아를 침잠하게 해야 합니다. 우리는 자신의 욕적인 소원의 성취를 위해서 기도해서는 안 되며, "하나님의 뜻이 이루어지이다"라고 기도해야 합니다. 하나님을 심부름꾼으로 이용하려 해서는 안 됩니다. 우리는 생각을 잠잠하게 하고, 기도로 하여금 말하게 해야 합니다.

대 바실은 "기도는 찬양, 감사, 죄고백, 그리고 구원을 구하는 간구 등 네 가지로 구성되어야 한다"고 말합니다. 개인적인 일에 관심을 갖거나 그것들을 위해서 기도해서는 안 되며, "먼저 그의 나라와 그의 의를 구하라 그리하면 이 모든 것을 너희에게 더하시리라"(마 6:33)는 말씀을 염두에 두어야 합니다.

자기의 뜻을 결정하지 못하고, 그럼으로써 기도를 하나님의 뜻에 일치시키지 못하는 사람은 기도하는 중에 장애물을 만날 것이며 원수의 매복 공격을 당할 것입니다. 그는 만족하지 못하거나, 화를 내거나 불행하거나, 당황하거나 조급하거나, 혼란을 당하게 됩니다. 그런 정신 상태에 있는 사람은 기도를 계속할 수 없습니다. 친구를 책망하려는 마음을 품고서 드리는 기도는 불순한 기도입니다. 기도하는 사람이 책망할 수도 있는데, 책망해야 할 사람은 오직 한 사람이며, 그는 곧 기도하는 사람 자신입니다. 자책하는 마음이 없이 드리는 기도는 마음속으로 다른 사람을 책망하면서 드리는 것이기 때문에 무가치한 기도입니다. "어떻게 해야 그것을 배울 수 있는가?"라는 질문에 그 대답은 "기도를 통해서 그것을 배운다"입니다.

내면의 가뭄을 두려워하지 마십시오. 생명을 주는 비는 우리 자신의 굳은 땅 밑에서 올라오는 것이 아니라 위로부터 내려옵니다. 우리의 굳은 땅은 가시와 엉겅퀴만 냅니다(창 3:18). 그러므로 황홀한 경지나 상태, 혹은 세상적으로 원하는 경험 등을 위한 어떤 "상태"를 기다리지 마십시오. 기도는 즐거움을 누리기 위한 것이 아닙니다. 슬퍼하며 애통하며 울며(약 4:9), 우리의 유한함을 기억하며, 주님의 자비를 구하십시오. 우리의 안식은 주님에게 달려 있습니다.

18.
시편으로 기도하십시오

아침 기도를 마쳤다고 해서 기도가 끝나는 것이 아닙니다. 아무리 하루의 일과가 복잡해도 종일 쉬지 않고 기도해야 합니다. 테오판 주교는 초심자들에게 시편에서 짧은 기도문을 선택하라고 충고합니다. 예를 들면 "하나님, 속히 나를 도우소서"(시 70:1), "하나님, 내 속에 정한 마음을 창조하소서"(시 51:10), 혹은 "하나님, 주님의 이름을 찬양합니다"(시 66:2) 등입니다.

시편에서 간단한 기도문들을 폭넓게 선택할 수 있습니다. 하루의 일과를 진행하면서, 우리는 이 기도를 염두에 두고서 가능한 한 자주 머릿속으로 기도하거나 되뇌이고, 또 혼자 있을 때는 소리를 내어 기도해야 합니다. 버스를 타고 갈 때나 일을 할 때나 식사를 하는 동안에 기회가 되는 대로 쉬지 말고 그 기도를 마음에 두고 그 내용에 정신을 집중하는 것이 좋습니다.

이렇게 하루를 보낸 후, 저녁 때 잠들기 전에는 조용히 기도서를 읽습니다. 이렇게 기도하는 것은 정한 기도실에서 아침·저녁 기도를 바칠 수 없는 사람들에게 유익합니다. 왜냐하면 그들은 원하는 장소, 원하는 시간에 할 수 없기 때문입니다. 이 기도는 표면적인 독거 환경을 대체하는 내면의 독거처를 조성해 줍니다. 쉬지 않고 자주 되풀이 하여 기도하는 것이 중요합니다.

새는 자주 날개를 침으로써 구름 위로 날아오릅니다. 수영 선수가 목적지에 도착하려면 계속 팔을 움직여야 합니다. 새가 날갯짓을 멈춘다면, 그 새는 땅을 기며 사는 데 만족해야 합니다. 수영 선수가 팔 움직이는 것을 멈춘다면, 그는 물속에 빠져들 것입니다.

이렇게 매 시간, 하루하루 지치지 말고 기도해야 합니다. 그러나 기도는 어떤 정서를 갖지 말고, 탐구하거나 질문하려는 태도를 갖지 말고 정신을 단순하게 유지해야 합니다. "내일 일을 위하여 염려하지 말라"(마 6:34). 때가 되면 대답을 얻게 될 것입니다.

아브라함은 호기심을 갖지 않고 알려고 하지도 않은 채 하나님의 말씀대로 출발했습니다. 아브라함은 하나님께 "주께서 나에게 주시려는 땅은 어떤 곳입니까? 그곳에는 어떤 일이 나를 기다리고 있습니까?"라는 질문을 하지 않고 여호와의 말씀을 따라 출발했습니다(창 12:4).

우리도 이렇게 해야 합니다. 아브라함은 모든 소유를 가지고 출발했으며, 그 점에서 우리도 아브라함처럼 행해야 합니다. 우리가 가진 모든 것, 우리의 전 존재를 가지고 출발해야 합니다. 우리의 애정을 많은 신들을 숭배하는 땅, 우리가 떠나온 땅에 묶어둘 수 있는 것은 하나도 남겨 두지 말아야 합니다.

노아가 방주를 짓는 데 100년이 걸렸습니다. 노아는 방주를 짓기 위해 통나무를 하나씩 쌓아올렸습니다. 우리도 노아처럼, 날마다 묵묵히 인내하며 기도라는 방주를 만들어야 합니다. 그리고 우리 주위에 있는 것들에 대해서 알려고 하지 말아야 합니다.

노아는 온 세상에서 하나님과 동행한, 즉 기도생활을 한 유일한 사람이었습니다(창 6:9). 노아가 깨끗한 공기를 호흡하며 하나님께 제단을 쌓게 되기까지 얼마나 비좁고 어둡고 냄새 나는 곳에서 살았을지 상상해 보십시오.

존 크리소스톰은 그처럼 깨끗한 공기와 제단이 우리의 내면에서 발견될 것이라고 설명합니다. 그러나 우리가 노아처럼 좁은 문을 기꺼이 통과한 후에야 발견할 것입니다.

이렇게 여호와께서 우리에게 행하라고 명하신 모든 일을 하며(창 6:22), 기도와 간구로(엡 6:18) 우리를 육적인 자아와 분산된 관심에서 구원하여 성령의 온전하심으로 인도해줄 다리를 건설해야 합니다. 유일하신 분이 우리 마음에 들어오시면 다원성은 사라진다고 대 바실은 말합니다. 온 세상을 수중에 잡고 계신 분이 우리의 삶을 온전하고 안전하게 해주십니다.

19.
이런 기도를 조심하십시오

이런 방법으로 기도를 실천하는 동안에 육체의 고삐를 풀지 말아야 합니다. 시리아의 성 이삭은 육체를 괴롭히지 않고 마음으로만 슬퍼하면서 드리는 기도는 불완전하게 자란 태아와 같다고 비유했습니다. 이런 기도에는 혼이 없기 때문입니다. 그러한 기도 안에는 자신을 부름받은 사람들 중의 하나에 불과하다고 여기는 것이 아니라 선택된 소수의 사람 중 하나로 여기는 교만과 자만의 씨앗이 들어 있습니다(마 22:14).

이런 기도를 조심해야 합니다. 그것은 많은 오류의 근원이 됩니다. 비록 우리가 육신적인 포옹을 하는 것처럼 천국을 안았다고 생각한다고 해도 마음이 육적인 것에 묶여 있다면, 우리의 보물도 육적인 것 안에 묶여 있습니다. 이러한 우리의 기쁨은 여전히 불순하며, 교회의 부름을 받아 교사로 임명을 받지 않았으면서도 사람들을 가르치고 회심시키려 하며, 말이 많으며 자제력이 부족한 것입니다. 우리는 육적인 정신에 따라서 성경을 해석하며, 다른 사람의 이견을 수용하지 않으며, 자신의 견해를 위해서 열띤 논쟁을 벌입니다. 이 모든 것은 우리 육체의 훈련을 게을리함으로써 마음을 겸손하게 하지 못했기 때문입니다.

참된 기쁨은 고요하며 한결같습니다. 그러므로 바울은 항상 기뻐하라고 강권합니다(살전 5:16). 그것은 세상이 빛에게서 등을 돌린 것 때문에 슬피 우는 마음에서 기인됩니다. 참된 기쁨은 슬픔 속에서 발견되어야 합니다. 성경에 "애통하는 자에게 복이 있다"(마 5:4)고 했고, 이제 자신의 육적인 자아 때문에 슬퍼하는 사람은 복이 있으니 이후에 영적인 자아와 더불어 웃을 것이라고 기록되어 있습니다(눅 6:21). 참된 기쁨은 위로의 기쁨, 자신의 연약함과 주님의 자비를 아는 지식에서 솟아 오르는 기쁨이며, 이를 드러내고 웃는 웃음으로 표현할 필요가 없는 기쁨입니다.

이렇게 생각해 봅시다. 세상적인 것에 속박되어 있는 사람도 즐거워할 수 있지만, 세상적인 것으로 인해 화를 내거나 속상하거나 슬퍼할 수도 있습니다. 그의 정신은 끊임없이 변합니다. 그러나 우리 주인 되시는 분의 기쁨(마 25:21)은 영원히 지속됩니다.

왜냐하면 하나님은 변함이 없으신 분이기 때문입니다.

그러므로 우리가 금식과 엄격함으로 육체를 훈련하는 동시에 혀를 제어해야 합니다. 말이 많은 것은 기도의 큰 원수입니다. 중언부언하는 것은 기도에 방해가 됩니다. 그렇기 때문에 우리는 부주의하게 내뱉은 말에 대해서 심문을 받을 것입니다(마 12:36). 방을 깨끗이 하려는 사람은 거리의 흙을 방에 가지고 들어가지 않습니다. 마찬가지로 우리는 마음에서 이미 지나간 일에 대한 잡담이나 한담을 깨끗이 제거해야 합니다.

혀는 불입니다(약 3:5-6). 우리는 조그만 불이 큰 불로 번진다는 것을 알아야 합니다. 그러나 불이 났을 때 공기를 차단하면 불은 꺼집니다. 우리가 정욕에 공기를 공급하지 않으면 서서히 꺼집니다. 화날 때 말을 하지 말며 표면적으로 나타내지 말아야 합니다. 주님만이 우리의 고백을 들으실 것입니다. 그렇게 함으로써 우리는 타는 나무의 불을 애당초 끌 수 있습니다. 만일 우리가 다른 사람의 잘못 때문에 속이 상해 있다면, 셈과 야벳처럼 침묵의 외투로 그것을 덮는 것이 좋습니다(창 9:23). 그렇게 함으로써 남을 판단하려는 욕망이 큰 불길로 번지기 전에 끌 수 있습니다. 그릇에 물을 담듯이 침묵 안에 기도를 가득 채울 수 있습니다.

깨어 지키는 기술을 실천하는 사람이 제어해야 할 것이 혀만은 아닙니다. 우리는 모든 일에 자신을 돌아보며(갈 6:1), 자신의 존재의 깊은 곳까지 돌아보아야 합니다. 자신의 내면 깊은 곳에서 측량할 수 없이 큰 창고를 발견하는데, 그곳에는 억제해야 할 많은 기억들과 생각들과 환상들이 요동하고 있습니다. 우리의 기도에 진흙을 덮어 버릴 기억을 일깨우지 말며, 과거의 죄라는 흙에 뿌리를 내리지 말아야 합니다. 토한 것을 먹는 개처럼 행동해서는 안 됩니다(잠 26:11).

우리의 욕망을 다시 깨우거나 상상력을 풀어 놓을 수도 있는 개인적인 일에 관한 기억을 되살려서는 안 됩니다. 마귀가 좋아하는 싸움의 장소는 우리의 상상력입니다. 그것을 통해서 마귀는 우리를 이끌어 자기와 교제하게 만들고 자기에게 동의하며 행동하게 만듭니다. 마귀는 우리의 생각 안에 의심과 걱정의 씨를 뿌리며 논리적인 추론과 증명, 무익한 질문과 대답을 하려는 시도를 심어줍니다. 그런 일을 만날 때에는 "너희 행악자들이여 나를 떠날지어다"(시 119:115)라는 시편의 말씀으로 대처합시다.

20
금식과 기도를 함께 실천하십시오

능력에 맞는 적절한 금식은 철야 기도에 도움을 줍니다. 수덕을 실천하는 사람들은 음식을 잔뜩 먹은 상태로 하나님의 일을 생각해서는 안 된다고 말합니다. 잘 먹어서 살찐 사람에게는 삼위일체의 지극히 피상적인 비밀조차도 알려지지 않습니다.

그리스도는 오랫동안 금식함으로써 본을 보이셨습니다. 주님은 마귀를 쫓아내신 후에 40일 동안 금식하셨습니다. 우리가 주님보다 더 선합니까? 과거에 천사들은 나아와서 주님을 섬겼습니다(마 4:11). 그들은 우리를 섬기려고 기다리고 있습니다.

요한 클리마쿠스는 금식이 다변多辯을 제어한다고 말합니다. 그것은 긍휼을 위한 통로이며 순종을 보호해주는 호위병입니다. 그것은 악한 생각들을 파괴하며 마음에서 부정함을 뿌리 뽑습니다. 금식은 낙원으로 들어가는 문입니다. 배 고프면 마음이 겸손해집니다. 금식하는 사람은 맑은 정신으로 기도하지만 무절제한 사람의 정신은 불순한 환상과 생각으로 가득합니다.

금식은 사랑과 헌신의 표현입니다. 우리는 금식을 통해 천국의 만족을 얻기 위해서 세상의 만족을 희생합니다. 우리의 생각은 혀의 유혹과 먹을 것에 사로잡혀 있으며, 거기서 해방되기를 원합니다. 그러므로 금식은 이기적인 욕망과의 싸움에서 해방되기 위해서 반드시 필요한 단계입니다. 기도와 금식은 인류에게 주어진 가장 위대한 선물이며, 한번 그것을 맛본 사람들은 그것을 아주 소중히 여깁니다.

금식하는 동안에 인류에게 금식의 가능성을 주신 분을 향한 감사하는 마음이 성장합니다. 금식은 우리가 어렴풋이 보아왔던 영역에 들어가게 해줍니다. 우리 주위와 내면에서 발생하는 삶의 여러 가지 표현들과 모든 사건들이 새로운 조명과 새롭고 풍성한 목적을 획득합니다. 무엇을 알고 싶어 하는 생각으로 행하는 철야 기도가 아니라 명확한 철야 기도를 하게 되고, 골치 아픈 탐구를 하는 대신에 감사한 마음으로 겸손하게 조용히 받아들이게 됩니다. 표면적으로 크고 난해한 문제들이 마치 만개한 꽃받침처럼 그 중심을 드러냅니다. 우리는 기도와 금식과 철야를 함께 행함으로써 들어가고 싶은 곳의 문을 두드려야 합니다.

여기서 우리는 거룩한 교부들이 금식을 측정자로 사용한 이유를 발견합니다. 많이 금식하는 사람은 많이 사랑하며, 많이 사랑한 사람은 많이 용서받습니다(눅 7:47). 많이 금식하는 사람은 많은 것을 받습니다.

그러나 교부들은 "적당한" 금식을 권합니다. 건강을 해칠 정도로 금식을 해서는 안 됩니다. 그렇게 되면 영혼에게도 해가 되기 때문입니다. 또 갑자기 금식을 시작해서도 안 됩니다.

모든 일에는 연습이 필요하며, 각 사람은 자신의 직업과 본성에 유의해야 합니다. 여러 종류의 음식 중에서 어떤 음식을 선택하는 것은 좋지 않습니다. 모든 음식은 하나님이 주신 것이기 때문입니다. 그러나 살이 찌게 하거나 식욕을 돋우는 음식은 피하는 것이 좋습니다. 향이 강한 음식, 육류, 술이 들어간 음료, 단지 입을 즐겁게 해주는 음식 등은 피하는 것이 좋습니다. 그 외에 값이 싸며 쉽게 구할 수 있는 음식은 먹어도 좋습니다. 교부들이 말하는 "적당한" 금식이란 하루에 한 끼를 먹되 포만감을 느낄 정도로 먹지 말고 가볍게 식사하는 것을 의미합니다.

21.
육신의 능력에 따라 훈련하십시오

피아노를 지나치게 열심히 연습하면 손에 경련이 나며, 지나칠 정도로 글을 많이 쓰는 작가는 서경書痙을 일으킵니다. 이런 현상을 일으키게 되면 방금 전까지도 희망으로 가득했던 연주자나 작가가 낙심하여 작업을 중단해야 하며, 한가하게 지내는 동안에 많은 좋지 않은 영향을 받습니다.

우리는 여기에서 교훈을 받아야 합니다. 금식, 순종, 자기 훈련, 깨어 경성함, 기도 등은 모두 훈련의 일부입니다. 그리고 어느 연습이든지 항상 자신의 능력을 고려하여 행해야 하며(눅 14:28-32), 조금이라도 과장됨이 없어야 합니다. 베드로는 "너희는 정신을 차리고 근신하여 기도하라"고 충고하며, 주님도 베드로를 통하여 그렇게 충고하십니다(벧전 4:7).

취함이 항상 알코올 등 취하게 하는 음료에서 시작되는 것은 아닙니다. 지나친 자기 신뢰 및 거기서 비롯되는 열심으로부터 솟아나는 취함도 위험합니다. 그것은 과장되고 지나친 열심으로 실천이라는 땅에 그 희생의 씨를 뿌립니다. 이 땅에서 자라나는 식물은 건전한 것이 아닙니다. 그것은 독선과 편협과 과로를 열매로 맺습니다. 여기에서 중요한 것은 "좌로나 우로나 치우치지"(신 5:32) 않으며 자신의 능력을 신뢰하지 않는 것입니다.

만일 우리 안에서 사랑, 화평, 기쁨, 절제, 겸손, 단순함, 고결함, 믿음, 인내 등의 풍성한 열매를 발견하지 못한다면, 우리가 하는 모든 일은 헛된 것이라고 이집트의 마카리우스는 지적합니다. 일은 수확을 거두기 위해서 하는 것이지만, 수확은 주님의 것입니다.

그러므로 신중하게 행하며 항상 깨어서 자신을 지켜 보아야 합니다. 만일 우리가 화를 내거나 관용하지 못하는 것을 깨달으면 우리의 짐을 조금 가볍게 해주어야 합니다. 혹시 다른 사람을 의심하거나 책망하거나 가르치거나 비평하려는 마음을 품는다면 우리는 그릇된 길에 서 있는 것입니다.

자기를 부인하는 사람은 결코 다른 사람들을 책망하지 않습니다. 만일 우리가 사람들이나 주위 환경 때문에 방해를 받는다면, 그것은 자신의 일을 올바르게 이해하지 못한 것입니다. 처음 볼 때에는 방해가 되는 것처럼 보이는 모든 것들이 실제로는 관용과 인내와 순종을 실천하도록 하기 위해 주어진 기회입니다.

겸손한 사람은 방해를 받지 않습니다. 그러므로 우리 자신을 숨겨야 합니다. 어쩔 수 없이 시끄러운 많은 사람들과 함께 있는 것을 발견할 때에라도 방에 들어가 문을 닫으십시오. 그러나 혹시 이것이 견디기 어려울 때에는 홀로 있을 수 있는 곳으로 가서 영혼의 힘을 다하여 하나님께 도움을 구하면, 하나님께서 우리의 부르짖음을 들어주실 것입니다.

암브로스는 우리 자신을 하나의 바퀴처럼 생각하라고 조언합니다. 바퀴는 가볍게 땅에 닿을수록 그만큼 쉽게 굴러갑니다. 필요 이상으로 세상의 일에 대해 생각하거나 말하거나 관심을 갖지 말아야 합니다. 또 완전히 공중에 떠있는 바퀴는 굴러갈 수 없다는 것도 기억해야 할 것입니다.

22.
세상과 육신을
이용하십시오

인간은 육과 영으로 이루어져 있습니다. 우리가 행동할 때에 이 둘은 분리될 수 없습니다. 그러므로 우리는 육체적인 것의 도움을 받아야 합니다. 그리스도는 우리의 연약함을 아셨고, 우리를 위해서 말과 몸짓, 침과 흙을 매개체로 사용하셨습니다. 주님은 우리를 위해서 자기 옷의 가장자리에서 자기의 능력이 흘러 나가는 것을 허락하셨습니다(마 9:20; 14:36). 또 사도 바울이 가지고 다니던 손수건이나 앞치마에서(행 19:12), 그리고 베드로의 그림자에서(행 5:15) 능력이 흘러 나가도록 허락하셨습니다.

그러므로 우리가 좁은 길을 괴롭게 방황하는 동안에 세상에 있는 모든 것을 기억의 지팡이로 사용합시다. 푸른 하늘이나 눈송이, 날아가는 파리, 타오르는 불, 그밖에 우리의 오관으로 모든 피조물을 접할 때 우리의 창조주를 기억해야 합니다. 특별히 우리 지체를 의에게 종으로 드려 거룩함에 이르게 하는 데 도움을 주기 위해서 교회가 우리에게 제공하는 것을 활용해야 합니다(롬 6:19). 우선적인 것은 주님의 만찬입니다. 그러나 다른 성례와 성서도 활용해야 합니다. 이것들을 감사함으로 받아들이며, 덕을 세우고 힘을 얻고 발전하고 유익을 얻기 위해서 그것들을 사용하십시오.

사랑의 주님을 향한 우리의 사랑의 수로를 제공합시다. 침묵으로 악을 쳐부술 수 있다면, 선은 자유로이 호흡하게 될 것입니다. 만일 사랑 안에서 주어진 것을 사랑으로 받아들인다면, 사랑의 범위는 확대될 것이며 이것이 우리의 목표입니다. 강이 클수록 삼각주도 넓습니다.

우리의 영적 싸움에서 우리의 몸도 도구로 사용할 수 있습니다. 우리의 몸을 정복하며 세상의 변덕스러운 것들로부터 독립시킵시다. 그리고 그것으로 하여금 우리의 환란에 동참하게 합시다. 겸손을 배우고 싶으면 몸을 겸손히 땅에 엎드려야 합니다. 되도록 자주 얼굴을 땅에 대고 엎드렸다가 즉시 일어나십시오. 이는 실족한 후에 그리스도 안에서의 회복이 이어지기 때문입니다.

비계를 놓지 않으면 집을 지을 수 없습니다. 튼튼한 사람에게는 표면적인 지원이 필요 없습니다. 그런데 우리는 튼튼합니까? 우리는 약한 사람들 중에서도 가장 약한 자가 아닌지요? 우리는 어린아이가 아닙니까?

23.
어둔 밤에 하나님의 도우심을 구하십시오

날씨는 구름이 끼었다가 금방 맑게 개기도 하고 다시 비가 내리기도 합니다. 인간의 본성도 이와 같습니다. 우리는 항상 태양이 구름에 가릴 수도 있다고 생각해야 합니다. 성인들도 나름대로 어두운 시기를 보냅니다. 그들은 하나님의 도우심을 받지 못하면 그들이 얼마나 비참한지를 알게 하기 위해서 하나님이 "그들을 버려두셨었다"고 말합니다. 이러한 어두운 시대, 모든 것이 무의미하고 우스꽝스럽고 헛된 것처럼 보이는 시기, 의심과 유혹의 공격을 받는 시기를 피할 수는 없습니다. 그러나 이러한 시기는 선을 수확할 수 있는 시기입니다.

이집트의 성녀 메리가 행한 방법을 사용함으로써 어두운 시절을 훌륭하게 극복할 수 있습니다. 메리는 48년 동안 요단 너머의 사막에서 살았습니다. 유혹이 임하거나 과거 알렉산드리아에서의 죄악된 생활이 생각나서 사막 생활을 포기하고 돌아가고 싶을 때면 메리는 땅에 누워서 하나님께 도움을 청했는데, 자기의 마음이 겸손해질 때까지 일어나지 않았습니다. 처음 몇 년 동안은 무척 견디기가 어려웠기 때문에 여러 날 동안 이런 식으로 누워 있어야 했습니다. 그러나 17년이 지난 후에는 안식의 시절이 임했습니다.

그런 시절에는 조용히 머물러 지내십시오. 밖에 나가서 사회 생활이나 오락을 하자는 말을 받아들이지 마십시오, 자신을 불쌍히 여기지 말며, 그 무엇에서도 위로를 구하지 말고, 오직 "하나님이여 나를 건지소서 여호와여 속히 나를 도우소서(시 70:1). 나는 갇혀서 나갈 수 없게 되었나이다(시 88:8)"라고 부르짖어야 합니다.

다른 곳에서는 진정한 도움을 기대할 수 없습니다. 우연한 구원을 위해서 우리가 얻은 상들을 내던져서는 안 됩니다. 두건을 머리에 덮어씁시다. 이제 우리의 인내와 견고함을 시험할 차례입니다. 우리가 시련을 견뎌냈다면, 우리에게 힘을 주신 하나님께 감사해야 합니다. 만일 견디지 못한다면, 즉시 일어나서 자비를 구하는 기도를 드리며 '나는 내게 합당한 것을 받았다!'고 생각해야 합니다. 이는 그 시험에서 실패한 것 자체가 우리에게 주어진 형벌이기 때문입니다. 지나치게 자신을 의지한 데 따른 결과를 보게 된 것입니다. 그러므로 이러한 경험을 하게 해주신 하나님께 감사를 잊지 말아야 합니다.

24.
삭개오에게 배우십시오

우리도 삭개오처럼 주님을 보려고 나무에 올라가 있습니다(눅 2:10). 단순히 상상력에 의해서, 또는 신비적이고 정신적인 방법으로 나무에 올라간 것이 아닙니다. 우리는 인간이며 몸을 가지고 있습니다. 그러므로 땅에서부터 기어 올라가기 위해서 삭개오처럼 사지의 힘과 세상적인 것들을 활용했습니다. 만일 우리가 자신의 한계와 몸무게를 의식하여 지혜롭게 행하면서도 두려워하거나 곁눈질을 하지 않는다면, 높이 올라가서 많은 사람들 ―즉 우리의 세상적인 충동들―보다 높은 곳에서 우리가 찾던 분의 모습을 볼 수 있습니다.

우리가 자신의 어둠을 분명하게 의식하기 시작했으므로, 이제 전처럼 오락이나 사회생활에 강력하게 끌려가지 않는다는 것,

그리고 자신의 내면의 참 모습을 어렴풋이나마 보았음을 깨닫습니다. 아마 우리는 지금까지 우리의 마음이 목적지나 조타수가 없이 넓은 바다 위에 떠 있는 작은 배와 같았다고 생각합니다. 그런데 다행스럽게도 항해의 목표와 의미가 확립되었습니다. 이제 우리는 넓은 바다에 떠 있는 작은 배가 아닙니다. 만일 우리가 제대로 항해했다면, 처음으로 그 배가 얼마나 작고 약한 것인지를 분명하게 깨달을 것입니다.

만일 우리가 선한 의도를 나타내기만 하면 주님은 항상 우리의 인도자가 되신다고 불가리아의 대주교 테오필랙트가 말합니다. 예수님은 삭개오에게 "삭개오야 속히 내려오라 내가 오늘 네 집에 유하여야 하겠다"(눅 19:5)고 말씀하셨습니다.

여기에서 "집"은 우리의 마음으로 이해할 수 있습니다. 주님은 "너는 나를 보려고, 다시 말해서 내가 네 마음속에 있는 길을 지나갈 때에 나를 알아 보려고 나무에 올라가서 너의 세상적인 욕망들의 일부를 정복했구나. 그러나 네가 그곳에 앉아서 스스로 다른 사람들보다 더 선하다고 생각하지 않으려면 서둘러 나무에서 내려와야 한다. 나는 겸손한 사람의 마음에만 거해야 하기 때문이다"라고 말씀하십니다. 삭개오는 급히 내려와 즐거워하며 예수님을 영접했습니다.

세리장이었던 삭개오가 그리스도를 영접한 후에 가장 먼저 한 일은 자신의 소유를 모두 나누어준 것이었습니다. 그는 자기의 재물의 절반을 가난한 사람들에게 주었고, 남은 것은 지나치게 많은 세금을 징수하여 착복했던 사람들에게 받은 금액의 네 배나 갚는 데 사용했습니다. 삭개오도 아브라함의 아들입니다(9절). 아브라함은 하나님의 음성을 듣고 이기심과 정욕이 지배하는 고향 아버지의 집을 떠났습니다(창 12:1).

건강과 질병을 결합시킬 수 없듯이 사랑과 부유함도 화목할 수 없다고 시리아의 이삭은 지적했습니다. 동료를 사랑하는 사람은 자기가 가진 모든 것을 조건 없이 내어줍니다. 그것이 사랑의 본질이기 때문입니다. 사랑이 없으면 하나님의 나라에 들어갈 수 없습니다. 삭개오는 이 사실도 깨달았습니다.

소유한 것이 적을수록 우리의 생활 방법은 단순해집니다. 과다한 것들을 모두 내던져 버린 후에 비로소 마음이 중심이 됩니다. 마음은 조금씩 핵심으로 들어가려고 노력하는데, 그곳에서 천국으로 올라가는 계단이 발견됩니다.

그렇게 되면 기도도 단순해집니다. 기도들은 그 중심의 둘레에 모여 그 안에 들어갑니다. 그리고 그 깊은 곳에서 필요한 유일한 기도, 즉 자비를 구하는 기도가 발견됩니다.

죄인 괴수가 주님의 자비 외에 무엇을 바랄 수 있겠습니까? 그에게 선물로 줄 물건이 있습니까? 그에게 힘이 있습니까? 자기 나름의 의지가 있습니까? 그가 혼자서 무슨 일을 할 수 있습니까? 그가 아는 것이 있습니까? 그는 아무것도 소유하지 않은 사람이 자유자재로 행동할 수 있다는 것을 과연 이해합니까?

그는 아무것도 소유한 것이 없습니다. 왜냐하면 죄는 무, 존재하지 않는 것이기 때문입니다. 죄는 공허함이요, 어둠이요, 부정입니다. 죄인은 그러한 무 안에 거합니다.

그가 자신을 제대로 인식하고 소유를 줄이면 그만큼 더 부유해집니다. 왜냐하면 그의 내면에 있는 비워 놓은 방은 썩어질 물건들이 아니라 영생의 충만함, 사랑과 자비로 채워지기 때문입니다. 그의 집에 손님으로 거하시는 분은 주님이십니다.

그러나 이러한 죄인이 어떻게 주님을 손님으로 맞을 수 있습니까? 어둠 속에 있는 그를 주님이 바라보실 것이라고 어떻게 상상할 수 있습니까? 그가 아무리 자신을 깨끗이 하려고 노력해도, 아무리 주님을 위해서 노력하고 일해도, 아무리 복음의 명령을 따르고 금식하고 온갖 방법으로 자기를 부인해도 그는 자신이 심술궂고 말다툼을 잘하고 사랑이 없고 게으르고 조급하고 감사하지 않는 등 온갖 악에 다시 빠지는 것을 봅니다. 어찌 그러한 방에 주께서 오시기를 기대할 수 있습니까?

그렇기 때문에 그는 이렇게 기도합니다: "주님, 나를 불쌍히 여기옵소서. 나는 죄인입니다. 나는 진정으로 주님을 섬기기 위해 내가 해야 하는 일을 행하려고 노력했습니다. 나는 주님이 맡기신 내 마음밭을 갈고, 그곳에서 가축을 먹였습니다. 그러나 나는 주님의 비천한 종에 불과하며, 주님이 없으면 나는 아무것도 할 수 없습니다. 그러므로 나를 불쌍히 여기시며 주님의 은혜를 채워 주십시오."

그는 일을 통해서 믿음을 증가시키며, 기도를 통해서 일할 힘을 얻습니다. 그러므로 일과 기도는 근접하여 살아가며, 마침내 그 둘이 서로에게 흘러들어가 하나가 됩니다. 그의 일은 기도가 되고, 그의 기도는 일이 됩니다. 이것이 바로 성인들이 말하는 신령한 행위, 마음의 기도, 혹은 예수기도입니다.

25.
예수기도를 실천하십시오

이집트의 은수사인 거룩한 수도원장 이사야는 예수기도를 정신을 위한 거울이요, 양심을 위한 등불이라고 말했습니다. 또 다른 사람은 그것을 집에서 쉬지 않고 울려 퍼지는 고요한 음성이라고 비유했습니다. 도둑이 몰래 집에 들어왔을 때에 누군가가 깨어 말하는 음성을 들으면 황급히 도망칩니다. 집은 마음이요, 도둑은 악한 충동입니다. 기도는 깨어 지키는 사람의 음성입니다. 그러나 깨어 지키는 사람은 내가 아니라 그리스도입니다.

신령한 활동은 우리 영혼 안에서 그리스도를 구체화합니다. 여기에는 끊임없이 주님을 기념하는 것이 포함됩니다. 우리는 주님을 우리의 영혼, 우리의 마음, 우리의 의식 안에 감춥니다.

"내가 잘지라도 마음은 깨었는데"(아 5:2).

나는 잠을 자지만 마음은 기도 안에, 즉 영원한 생명, 천국, 그리스도 안에 견고히 머물러 있습니다. 나의 존재는 그 근원에 견고히 뿌리를 내리고 있습니다.

이러한 상태를 획득하는 방편으로 "주 예수 그리스도 하나님의 아들이시여, 죄인인 나를 불쌍히 여기옵소서"라고 기도하는 것입니다. 소리를 내거나 머리속으로, 천천히 주의를 집중하여, 그리고 이 기도에 적합하지 않은 모든 것을 마음에서 제거하고서 이 기도를 반복하십시오. 세상적인 관심들만 부적당한 것이 아니라 온갖 종류의 기대, 대답, 내적인 환상, 시험하는 것, 낭만적인 꿈, 호기심에서 비롯된 질문과 상상 등도 적당하지 못합니다. 겸손, 육체와 영혼을 절제하는 것, 그리고 눈에 보이지 않는 싸움에 관련된 모든 것과 마찬가지로 단순함 역시 필수적인 조건이 됩니다.

특히 초심자는 조금이라도 신비주의적인 경향을 지닌 모든 것을 조심해야 합니다. 예수기도는 우리로 하여금 하나님의 은혜라고 불리는 능력, 즉 세례받은 사람들의 안에 감추어져 있지만 항상 현존하는 능력을 받아 활용하여 열매를 맺을 수 있게 해주는 하나의 행위요, 실질적인 작업이요, 수단입니다. 기도는 우리 영혼 안에서 이 능력이 결실을 맺게 해줍니다. 그 외에 다른 목적을 갖지 않습니다.

기도는 단단한 껍질을 깨뜨리는 망치입니다. 망치는 단단하며, 망치로 때리면 상처를 입습니다. 유쾌함, 큰 기쁨, 하늘의 음성 등에 대한 생각은 모조리 버리십시다. 하나님의 나라에 들어가는 길은 단 하나인데, 그것은 십자가의 길입니다. 나무에 십자가 형태로 못 박히는 것은 끔찍하게 괴로운 일입니다. 그 외에 다른 것을 기대하지 마십시오.

우리는 엄격한 자기 훈련 하에서 단순하고 획일적인 생활 방식으로 단단히 못 박음으로써 우리의 몸을 십자가에 매달았습니다. 우리의 생각과 상상은 엄격하게 제어되어야 합니다. 기도문과 성경, 시편이나 거룩한 교부들의 글을 읽음으로써 그것들을 단단히 못 박아야 합니다. 우리의 상상력이 제멋대로 돌아다니도록 내버려 두어서는 안 됩니다. 소위 "생각의 비행"이라고 부르는 것은 목적도 없이 환상의 세계에서 이리저리 떠돌아다니는 것입니다. 우리의 생각이 기도에 집중되지 않은 것을 발견하면 즉시 기도에 생각을 집중시켜야 합니다.

상상과 생각이 잘 훈련된 개처럼 우리에게 순종하도록 해야 합니다. 우리는 그것이 이리저리 돌아다니며 요란하게 짖어대며 쓰레기통을 뒤지며 하수도에서 뒹굴게 해서는 안 됩니다. 또한 우리는 생각과 상상을 언제라도 매 순간 다시 불러들일 수 있어야 하며, 또 그렇게 해야 합니다. 이렇게 하지 않는 우리를 두고 성 안토니는 "말 타는 사람들이 계속 바뀌기 때문에 쉬지 못한 말은 결국 쓰러진다"라고 말했습니다.

호두껍질을 너무 세게 치면 알맹이까지 부서지기 때문에 조심해서 내리쳐야 합니다. 마찬가지로 갑작스럽게 예수기도를 시작해서는 안 됩니다. 처음에는 예수기도를 간헐적으로 하거나 다른 기도와 함께 하는 것이 좋습니다. 처음에 예수기도가 잘 안 된다고 해서 지나치게 서두르거나 걱정하는 것은 좋지 않습니다. 처음부터 "주여, 나를 불쌍히 여겨 주옵소서"라는 기도 말에 주의를 집중할 수 있을 것으로 생각하지 마십시오. 우리는 인간이기 때문에 기도가 분심되고 산만한 것이 당연합니다. "천사들이 하늘에서 하늘에 계신 내 아버지의 얼굴을 항상 뵈옵느니라"(마 18:10)는 말씀은 우리 인간의 이 세상에서의 기도가 불완전하다는 것을 의미합니다. 실망하지 말고 꾸준히 실천하십시오.

우리는 흙으로 된 몸과 그에 따른 욕망을 가지고 있습니다. 처음에 우리가 여러 시간 동안, 혹은 하루 종일, 또는 그보다 더 오랫동안 기도 연습을 완전히 잊을지라도 놀라서 높은 하늘에 대고 소리를 칠 필요가 없습니다. 이러한 상황을 자연스럽게, 그리고 단순하게 받아들이십시오, 우리는 다른 일에 지나치게 사로잡혀 있기 때문에, 바람이 어떻게 부는지 지켜보아야 한다는 사실을 망각한 초보 선원과 같습니다. 그러므로 우리 자신에게는 아무것도 기대하지 마십시오, 또한 다른 사람에게도 아무것도 요구하지 마십시오,

정신 집중과 방심은 전혀 다릅니다. 기도는 우리의 생각을 활기차고 분명하게 해줄 것이며, 그 때에 우리의 생각은 올바르게 됩니다. 기도하는 사람은 주위에 있는 모든 것을 보고, 모든 것을 관찰합니다. 그러나 이런 일을 올바르게 행하는 것은 기도를 통해서만 이루어집니다. 기도는 모든 사물에 분명한 빛을 비추어 줍니다.

우리 안에 있는 깨끗한 영역에서 영은 활동합니다. 우리가 이와 같이 독립된 마음의 영역을 계속 확장하는 한, 우리의 신령한 성품은 계속 성장할 것입니다.

기도는 내면의 평온*hesichia*, 슬픔 속에서의 평화로운 위안, 사랑, 감사, 겸손 등을 불러일으킬 것입니다. 반면에 우리가 긴장하거나 의기양양한 상태 또는 깊은 절망 속에서 흔들리고 있다

면, 우리가 통회하거나 슬퍼하거나 과도하게 행동하려는 생각을 품는다면, 혹은 황홀한 경험을 하거나 음악 감상과 같은 감각적인 즐거움에 취해 있다면, 만일 커다란 즐거움이나 만족을 느껴서 자신이나 온 세상에 만족한다면 우리는 옳지 않은 길에 서 있다고 보아야 합니다. 지나치게 자신을 의지하고 있다고 볼 수 있습니다. 이럴 때에는 뒤로 물러남과 동시에 자책함으로써 참된 기도의 출발점으로 되돌아가야 합니다.

빛의 천사는 평화를 가져다주며, 어둠의 사자들은 어떤 대가를 치르더라도 그 평화를 파괴하려 합니다. 거룩한 교부들은 우리가 악한 세력들을 식별하며, 그것들을 선한 세력들과 분리할 수 있다고 말합니다.

26
항상 하나님과 동행하십시오

모든 지식을 박탈당하고, 모든 선한 생각이나 행위가 결여되고, 과거의 기억이나 미래의 희망을 잃은 우리는 마치 낡아서 소용이 없는 넝마나 길가의 돌멩이처럼 무감각하며, 벌레먹은 버섯처럼 부식되고, 해안으로 밀려온 물고기처럼 생명이 위험하며, 자신의 이와 같은 배반으로 인해 슬피 눈물을 흘리면서 전능하신 분, 우리의 심판자요 창조주요 아버지, 우리의 구주, 진리의 영, 생명을 주시는 분 앞에 서게 될 것입니다. 우리는 탕자처럼 자신의 무력함을 깊이 의식하면서 더듬거리며 말할 것입니다.

"내가 하늘과 아버지께 죄를 지었사오니 지금부터는 아

버지의 아들이라 일컬음을 감당하지 못하겠나이다(눅 15:21). 주 예수 그리스도 하나님의 아들이시여, 죄인인 나를 불쌍히 여기옵소서."

우리는 자신의 무능함을 알며, 전능하신 분 앞에 먼지와 같음을 깨닫고, 우리 자신의 불행으로부터 주님이 지으신 이웃을 향한 사랑이 자라나오며, 그분과 함께 타오르게 됩니다. 주님은 측량할 수 없는 존재 안에서 그들을 눈여겨보십니다. 우리는 그들을 위해 모든 것을 드리는 것으로 족합니다.

이상하게도 우리가 자신의 마음속 깊이 들어갈수록 자아에서부터 더 멀리, 그리고 높이 올라가게 됩니다. 우리 삶의 표면적인 상황은 동일합니다. 우리는 설거지하고 아이들을 기르며, 직장에 출근하고, 월급을 받고 세금을 냅니다. 우리는 사회의 일원으로서 그것을 떠날 수 없으므로 자신의 외면적인 삶에 관련된 모든 일을 행합니다. 그러나 우리는 자아를 포기했습니다. 우리는 한 가지를 받기 위해서 다른 것을 포기했습니다.

"…만일 내가 주님을 소유한다면, 세상에서 무엇을 더 요청할 수 있을까요? 쉬지 않고 기도하며, 조용히 주님에게 매달리는 것 외에 아무것도 없습니다. 어떤 사람들은 부의 노예가 되고, 어떤 사람은 명예의 노예가 되고, 또 어떤 사람은 재산을 얻기 위해 노력하고 있습니다. 그러나 나의 유일한 소원은 주님에게 매달리는 것입니다"라고 성 요한 클리마쿠스는 말했습니다.

자기포기를 포함하는 기도가 우리의 진정한 삶이 되면, 우리는 오로지 기도만을 위해서 기도에 전념하게 됩니다. 이제 우리에게 진정으로 귀중한 일은 하나님과의 동행(창 6:9) 뿐이며, 거기에는 하늘나라와 세상의 모든 사건들이 포함됩니다. 자기 안에 그리스도를 품는 사람에게는 죽음도 없고 질병도 없고 세상의 소란함도 없습니다. 그는 이미 영생으로 들어가서 모든 것을 받았기 때문입니다.

우리 마음에서 밤낮으로 거룩한 씨가 싹을 내어 자라지만, 우리는 그 방법은 알지 못합니다. 우리 마음의 밭은 저절로 처음에 싹을 내고 다음에는 이삭을 내며, 그 다음에는 익은 곡식을 냅니다(막 4:27-28).

성인들은 꺼지지 않는 빛에 대해서 말합니다. 그것은 눈에 보이는 빛이 아니라 쉬지 않고 깨끗하고 분명하게 걸어가는 마음의 빛입니다. 그것은 신속하게 어둠을 뒤로 하며, 항상 그 날의 고지를 향하려고 노력합니다. 그것의 항존하는 특성은 지속적으로 정결하게 된다는 것입니다. 이것은 결코 꺼질 수 없는 영원의 빛이며, 시간과 물질의 베일을 통과하여 비추는 빛입니다. 그러나 성인들은 한 번도 이 빛을 받았다고 말하지 않으며, 그 빛은 주님을 향한 사랑 안에서 마음을 깨끗하게 한 사람들, 자유로이 선택한 좁은 길을 가는 사람들에게만 주어진다고 말합니다.

좁은 길은 끝이 없습니다. 이 길의 특성은 영원입니다. 이 길에서 모든 순간이 시작됩니다. 현재는 심판의 날인 미래를 내포하며, 창조의 날인 과거를 내포합니다. 왜냐하면 그리스도는 영원히 모든 곳에 임재하시기 때문입니다. 유일하신 주님이 오시는 순간 시간과 공간 안에 있는 다원성이 사라집니다. 모든 일이 동시에 우리 마음 깊은 곳에서, 지금 여기에서, 사방에서 발생합니다. 그곳에서 우리는 자신이 찾던 것을 만나게 됩니다. 즉 십자가의 깊이와 높이와 너비, 구세주와 구원을 만납니다.

그러므로 만일 우리 영혼을 구하고 영생 얻기를 원한다면, 매 순간 우둔함을 떨치고 일어서서 "주님, 나로 하여금 선한 출발을 하게 해주십시오. 성부와 성자와 성령의 이름으로 기도드립니다. 아멘"이라고 기도합니다.

교부들과 저자 소개

장로 암브로스1812-1851 러시아의 칼루가Kaluga 주에 있는 옵티나 수도원에서 생활한 교사요 수도사이며, 유명한 장로들 중 한 사람이다. 많은 사람들이 그를 영적 조언자로 의지했는데, 그들 중에는 도스토엡스키와 톨스토이도 있다. 그의 사후에 편지들과 연설문들이 러시아에서 출판되었다.

크레테의 앤드류 Andrew of Crete 다마스커스 출신으로서 크레테의 대주교를 역임했다(685-711). 그는 특히 종려주일 전 목요일에 부르는 Great Canon의 저자로 알려져 있다. 영국에서는 이 찬송가 작가가 "크리스천이여, 그대는 그들을 보는가?"라는 찬송의 작가인지에 관심을 가진다.

대 안토니 Great Anthony 기독교 수도원 운동에서 가장 잘 알려진 사막 교부 중 한 사람이다. 아마 그는 이집트의 사막에서 은수사들을 주위에 모아들인 최초의 인물이었을 것이다. 그는 A. D. 350년경에 사망했으며, 알렉산드리아의 주교 아타나시우스가 그의 전기를 저술했다.

대 바실 Basil the Great 4세기에 카파도키아의 가이사랴의 감독이었다. 그는 세 명의 위대한 카파도키아 교부들 중 한 사람이며, 나머지 두 사람은 닛사의 그레고리와 나지안주스의 그레고리이다. 그는 하나의 규칙을 작성했는데, 후일 동방정교회의 수도사들과 수녀들이 그 규칙을 따랐다. 그의 이름을 딴 성 바실의 기도문은 교회에서 일 년에 몇 차례 사용된다.

도로테우스Dorotheus 7세기의 금욕적인 작가이며 수도원장으로서, 금욕생활에 대한 일련의 가르침을 저술했다.

에프렘Ephrem 시리아인이다. 유식한 주석가이고 신학적 주제들에 관해 많은 글을 쓴 작가이며, 에뎃사에서 아주 엄격하게 살다가 A. D. 373년에 그곳에서 사망했다.

예루살렘의 헤시키우스 Hesychius 412년에 사제가 된 수도사로서 성경 주석가였으며 교회사에 대한 글도 저술했다.

시리아의 이삭 Isaac 6세기의 금욕주의자로서 잠시 니느웨의 감독을 지냈다. 그는 은퇴하여 라반 샤푸르 근처에 있는 수도원에 들어가서 금욕생활에 대한 글을 썼다.

수도원장 이사야 Isaiah 4세기 후반에 이집트 사막에서 생활한 은수사이다.

존 크리소스톰 John Chrysostom 매우 금욕적인 생활을 한 사람으로서, 347년에 태어났으며 381년에 부제가 된 후 386년에 사제가 되었다. 그는 언변이 좋은 설교자여서 "황금의 입"이라는 뜻의 Chrysostom이라는 이름을 얻게 되었다. 그는 398년에 자신의 뜻과는 달리 콘스탄티노플의 총대주교가 되었다. 그는 사람들의 사랑을 받았지만, 황후 유독시아와 알렉산드리아의 총대주교의 미움을 샀기 때문에 유배지에서 세상을 떠났다. 정교회에서 널리 사용되는 기도문에 그의 이름을 딴 기도문이 있다.

요한 클리마쿠스 John Climacus 『거룩한 등정의 사다리』 7세기의 저자이다. 그는 약 40년 동안 시내 산 기슭 동굴에서 은둔생활을 했으며, 그 후에 수도원장(지금의 캐더린 수도원)이 되었다. 『거룩한 등정의 사다리』는 수도생활과 금욕생활에 관한 책이다.

이집트의 마카리우스 Macarius, 300-390 대 마카리우스라고도 불린다. 이집트 사막의 수도사로서 340년에 사제가 되었다.

니세타스 스테타토스 Nicetas Stethatos 11세기에 활동한 새로운 신학자 시므온의 제자. 그는 레오 9세와 콘스탄티노플의 총대주교 케룰라리우스가 논쟁을 하는 동안 로마를 공격하는 글을 발행했다. 후일 그는 황제로부터의 압력 때문에 그 글을 철회했다.

테오판Theophan, 1815-1894 러시아의 블라디미르의 주교. 그는 유명한 작가요 영적 지도자였지만, 말년에는 21년 동안 수도원에서 완전한 은둔생활을 했다. 그는 필로칼리아의 러시아어 판을 편찬했다.

테오필랙트Theophylact 유고슬라비아의 오크리다Ochrida 호숫가에 있는 오크리다의 대주교로서 1107년에 사망했다. 그는 복음서 주석 때문에 크게 존경을 받았다.